漫画ではないだるまんの

# 「学問」のすすめ

東洋の自然科学
“陰陽五行”は、
難しいけどおもしろい!

五行研究会 主宰
堀内歯科クリニック院長
堀内信隆

# はじめに

『だるまんの陰陽五行』シリーズでは、「森羅万象を測るモノサシ」としての陰陽五行を、さまざまな側面からだるまんにナビゲートしてもらっておりますが、本書では五行の要素の意味合い、世界観を人体と社会を通して文章で解説します。

なかでも本書では、最も重要な「相生ルート」と「相剋ルート」に的を絞ってみたいと思います。

具体的には、私たちの生き方を測るためには「相剋ルート」を用います。「相剋ルート」とは一見、「相剋」という言葉どおり、勝ち負けを示すシビアーな世界観が現れているように見えますが、その実は、勝ち負けを超越した世界を私たちに提示しているのです。

たとえば「木」と「土」なら、「木」は「土」に勝つ関係です。しかし、その「相剋ルート」での表現方法はというと、矢印の先端を負ける側であるところの「土」に向けているのです。つまり勝者から敗者へと矢印は向いているのです。もちろんこのことは「木」と「土」だけではなく、五行の五つの要素すべてに言えることです。このことが何を示すのかというと、「勝者は敗者に向けて力を注ぐ」という意味なのです。

私たちは、単純には自分の損得を中心に考え、常に勝ち組になりたいと考えがちです。しかし、だれもが、自分より弱い相手に対して自分の力を注ぐような世界が展開したとき、そこにはすばらしい人間関係が生じるとは思いませんか？このことが基準になって陰陽五行の「相剋ルート」はできているのです。

前述の「木」と「土」の例をあげるなら、「木」の象徴である肝臓は「土」である胃に勝つ関係であるのが相剋ルートです。事実、お酒を飲み過ぎて肝臓が激しく動きだすと胃は負けてしまうから吐いてしまうのです。しかし、前述のように矢印は胃である「土」を向いているので、「胃に気遣って飲みましょう」という意味が理解できます。つまりは良いツマミをとりつつ飲めば悪酔いせずに吐くこともないということです。

同様に、若者と大人とか、男と女とか、上司と部下とか、さまざまな応用を示してくれるのが陰陽五行なのです。

本書ではさらに、相剋ルートの際に重要な役割を持つ「触媒」という要素に注目し、これが正常に機能できないときに生じる「未木《みぼく》」（造語）についても詳説します。意識すべきことが意識できないことでしっかりと相剋ルートが歩めないとき、私たちは相生ルートという「ほっといても自然に行くルート」に流されてしまうのです。ここには人間としての成長はありません。

環境、政治、教育、生活…、あらゆる側面から今私たちは本当の意味での人間的成長が求められています。人が人を支配するのではなく、互いに活かし合う本当の人間として、ひとりひとりが成長できたとき、この地球が発展していくことは確かなことです。

いまからでも遅くありません。こうした出発点として、ぜひ、陰陽五行というすばらしいツールを活かしていただきたいと思います。

『だるまんの陰陽五行』シリーズ著者　堀内信隆

目次

はじめに 3
きほんの『き』 10
1 ひろし君の話 13
2 陰陽から五行へ 20
3 五行とは 24
(1) 「水《すい》」 25
(2) 「木《もく》」 29
(3) 「火《か》」 36

(4)「金《きん》」……43
(5)「土《ど》」……52
(6)それぞれの関係……59

**4 五行の認識論** 69

(1)相生ルート、相剋ルートの意味……69
(2)歴史と五行……78
(3)現在をどう生きるか?……88

**5 「未木《みぼく》」について** 91

(1)『「木」と「土」の出会い』と『「火」の「未木」』……99
(2)『「土」と「水」の出会い』と『「金」の「未木」』……115
(3)『「水」と「火」の出会い』と『「木」の「未木」』……136

6　相剋ルート後半の「火」以降の出会い　146
(1)「火」から「金」……147
(2)「金」から「木」……150
7　八と五　151
8　人体の働き　157
(1)ふたつのグループ……157
(2)風邪を治す……161
①天井が低い部屋のタイプ……163
②天井が高い部屋のタイプ……164
③肝臓との関連……164
④腎臓との関連……167
⑤傷寒論との関係……168

**9　もののあはれ** 173
(1)東北…… 176
(2)出雲…… 181
**10　おわりに** 186

### だるまんの陰陽五行

# きほんの『き』

## 『だるまんの陰陽五行』ワールドにようこそ!

まず…これは基本中の基本です。

陰陽五行のジャンルとは

東洋医学
(東洋) 哲学
歴史，民俗学
易学　　　などです。

では、陰陽五行とは？

元々、私たちの
思想には
ふたつのものを
比べて考える

という発想があります

それがこのマーク

このマークは
**太極図**
と言います。

サーフィン板のマークでもよく見かけますよね

この
2つの
もの
とは?

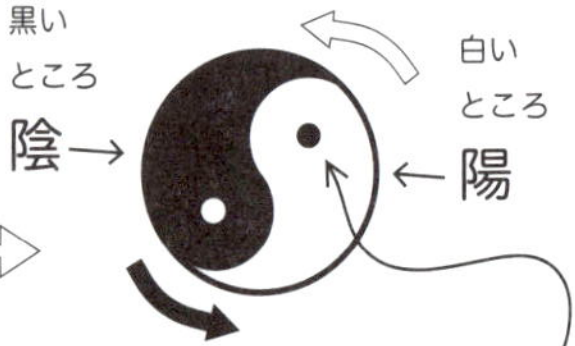


だんだん白が増えて大きくなる
大きくなったとこに 黒い「ボッチ(陰)」が
出てきて
極まると 黒(陰)になる。
陰も同じ
そしてそれが続く
ずっとね

陰と陽の成り立ちをよく見ると

AM　PM

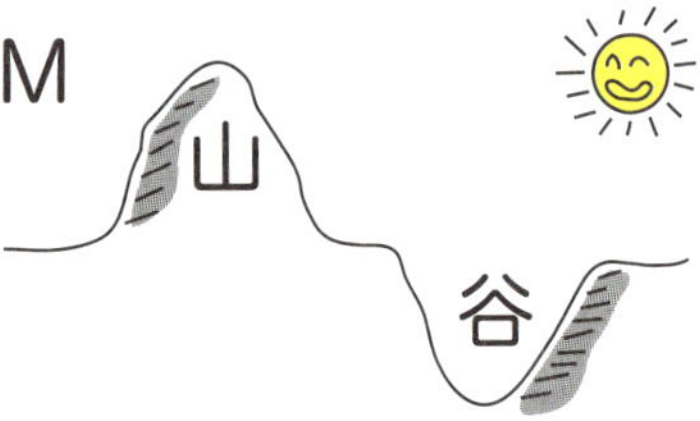


太陽が照っています
日の当たってないとこは日かげ
そう、陰！
日の当たっているところは陽

太陽は右に移動しました
日なたと日かげは逆転しました
陰陽は条件が変わるとその本体が同じ
でも変わることがわかりましたネ

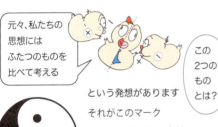

次に陰陽２つだったものをもう
少し詳しく４つに分けます

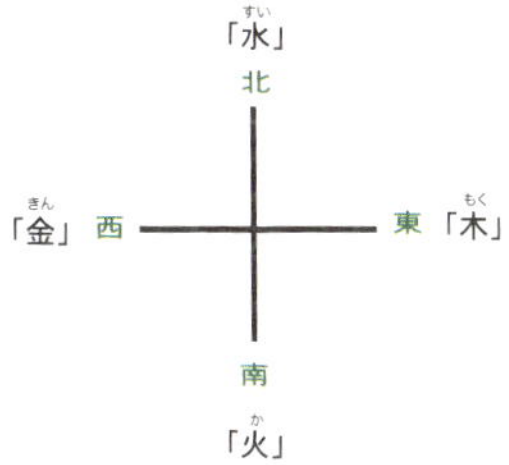


上下
左右　です
えっ？
五行って
言ったじゃ
ないの？

ご心配なく。
右を見て！

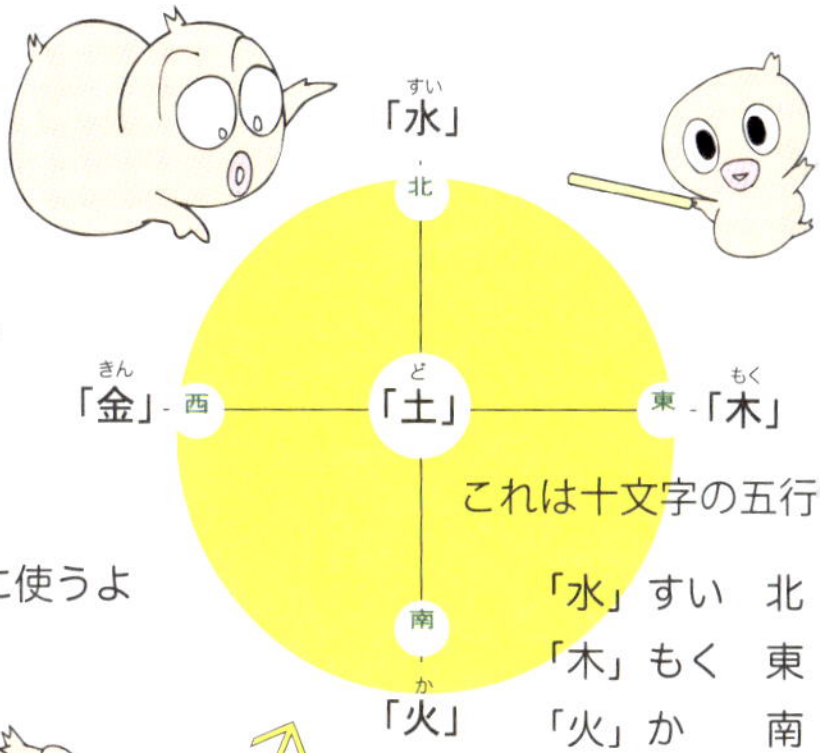


これは十文字の五行

この十文字は方位、空間をとらえるときに使うよ

「水」すい　北
「木」もく　東
「火」か　　南
「金」きん　西

「土《ど》」　は真ん中　つまり全体！

易学一般では普通、北の「水」を
自分側つまり下に向けます
どっちも一緒

で、５つの要素の関係をみるときには星形の五行を使います
五芒星と言われます

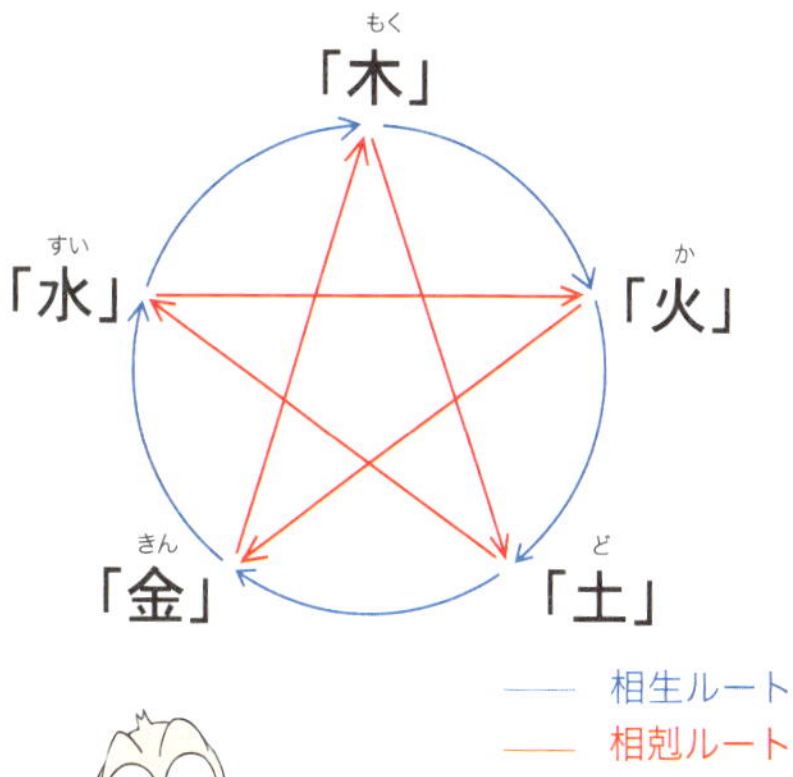


「木《もく》」「火《か》」「土《ど》」「金《ごん》」「水《すい》」
↑
とつづけて読むときは「ごん」と読むよ！

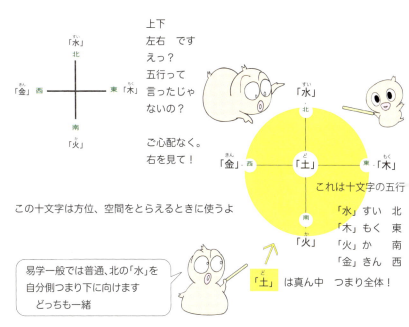

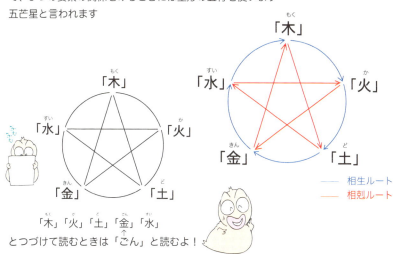

## 1　ひろし君の話

まず「ひろし君の話」という物語を読んでみてください。さて、何の話だと思いますか？

ある日、ひろし君は気がついた。なんだか妙に暖かい所に居る。

「普段、僕の体はもっと冷たいはずだ。なのに暗くて暖かい所に居る。でもとてもほんわりしたいい気持ちだ。なんだか眠たくなってきた。いや、もうすでに寝ているのかもしれない。いや、ひょっとして自分はもう死んでしまったのかもしれない。でも変だ。死んでしまったのなら、なんで自分は今こうして考えているんだろ？もしかしたらこれが死後の世界というやつなのかもしれない…」

ふと気づくとひろし君は空中に浮かんでいた。下を見ると自分の姿が見える。脱ぎ捨てた体を今こうして上から見ているのだと思った。でもその体はすでにひろし君の形をしていない。バラバラだ。でもちっとも悲しくない。むしろ、うれしくて楽しくてウキウキしている自分がわかる。体中が暖かい。そしてどんどん上に上がっていく。天へ天へ。でも変だ。ここは本当に天なのかしら？だんだん寒くなってきた。天には神様が居るはずだ。神様の世界は暖かくて光り輝いているはずだ。なのに、ここは寒い。

さらに冷えてくるとひろし君はいままで霧のようにフワフワ浮いていた自分がぬるぬるした体に変

わってきているのに気づいた。いまやひろし君の姿は空を漂う水滴のようだ。目をこらすといっぱい仲間が居る。みんな水滴のような姿をしている。本当にいっぱい居る。遠くにいる仲間たちは雲みたいに白っぽく見える。ますます寒くなると同時になんだか体が重くなってきた。あっと気づいた時、ひろし君の体は真っ逆さまに落っこち出した。言わんこっちゃない。重くなり過ぎてしまったのだ。その瞬間、ひろし君は思った。自分は天国じゃなくて地獄に行くのだと。

ひろし君の体は地面にたたきつけられた。でもちっとも痛くない。痛くないどころか、地面の中へ中へモグラみたいに入りこんでいった。

あれから何時間経っただろうか…。気づいたとき、ひろし君は自分が誰だったかすっかり忘れていた。一生懸命、考えに考えて、やっと思い出した。

「そうだ、僕は昔、ひろしという名前だったんだ。でもなんだかちょっと違う。今、自分はひろしであってひろしではない。そんな気がする。」

見ると、自分の一部が手のあたりからムクムク動き出して語り始めた。

「僕は昔、確か、たかしという名前だったんだよ。でももうそんなこと今はもうどうでもいいんだ。」

「え？」ひろし君はびっくりしてしまった。自分の手が語り出すなんて！するとまた体の一部が、今度は足のあたりからムクムク飛び出して語り始めた。

「私は昔、ミチコという名前だったのよ。でもやっぱり、どうでもいい気がする。」

ますますひろし君はたまげてしまった。

図1 「東洋医学」の章 第179話より

「僕は気が狂ったのか？そうだ！確か地獄に落ちたんだっけ。だからこんなになってしまったのに違いない！」

でも今やひろし君はとても幸福感に満ちあふれていた。自分でもそんな自分がよくわかる。そしてひろし君自身も自分が誰だったのかなんて、どうでもいいという気持ちになってきた。そして今、こうしてたかし君やミチコさんといっしょになっている自分がとてもうれしい気分だ。どこの誰なのかまったく知らないたかし君やミチコさんなのに…。

そんな事を考えていると、この新しいひろし君はまたもやばらばらになっていた。といっても、まるでコピーが出来るような感じ、分身の術のような感じにばらばらになっている。そのひとりひとりがひろし君であってたかし君であってミチコさんのあつまりなのだ。

やがてある分身は火のように熱くなってどこかへ浮かんでいった。ある分身は水のようになって海みたいなところへ沈んでいってしまった。ある分身は空気のようになってどこかへ飛んでいってしまった。でもひろし君にはわかっていた。みんな、あちこちへ行ってしまったけど、今もいっしょに居るということが。

そして、今まで気づかなかったのか不思議なくらいなんだけど、ずーっと目の前に大きな光の玉がある。まるで、ふだんお日さまに気づかないけどお日さまがあるようなものだ。そんな目の前の光の玉に、ひろし君はとても懐かしいような、不思議な親しみを覚えていた…。

みなさんはこの話を読んで、どう思われたでしょうか?文字どおりに読めば死後の世界の話のようでもあります。しかし、これは本当は『ものごとの基本の姿』の話だと言ったらどう思われるでしょうか?

まず、これは『天気の話』だと言いましょう。

ひろし君とは、地面の水たまりだったのです。だからもともとは冷たい体をしているのです。しかし、地面は太陽に暖められてとても暖かい。やがて水は少しずつ蒸発して水蒸気となり空へと昇っていくのです。水たまりの所々から地肌が顔を出し、あたかもバラバラな水たまりになり、今や完全に消え去ろうという時、蒸発した水は蒸気となり空のかなたに居ます。ここが「ひろし君は空中に浮かんでいた」という所です。しかし空は地上より気圧は低いし、寒い。蒸気はだんだんと冷やされて水滴の姿へと変わっていきます。ここは「冷えてくるとひろし君はいままで霧のようにフワフワ浮いていた自分がぬるぬるした体に変わってきているのに気づいた」の段です。いくつもの水滴が集まると雲になります。「遠くにいる仲間たちは雲みたいに白っぽく見える」とは雲そのものという事になります。さらに冷やされて水滴が大きくなってくると雨となってふたたび地上の土に出会うことになります。この落下の時、ひろし君は地獄に落ちるのではないかと思ったのですね。ところが同じ「地」でも「獄」ではなかった。「地面」だったのです。地面に水は吸い込まれ、地面の奥深くで多くの仲間と出会うことになる。「地面の中へ中へモグラみたいに入りこんでいった」とは水が地面に浸透していく様だったのです。こうして他の水分と一体化します。もはや仲間と一体化してひろし君であってひろし君ではなくなっていく様はこのあたりを示しています。

水は植物を発芽させ肥やし、一部は海や川に出て、生き物たちの糧となります。また一部はふたたび大気中へと蒸発し、冷たい空気と触れると風となって飛んでいきます。地球そのものを潤す根源となっていくのです。ここまで来たとき、彼は気づくのです。初め、水たまりであったひろし君が蒸発して上へと昇っていくきっかけになったのは太陽という熱源の力だったのです。ひろし君の冒険とは太陽の力あればこそだったのです。話の最後に出てきた「懐かしい光の玉」とは太陽を意味していたのです。

さて、私は前にこの「ひろし君の話」とは『ものごとの基本の姿』を意味していると言いました。そしてひろし君とは水であり、天気の話として読めることがわかりました。しかし『基本の姿』である以上、他の話としても読めるのです。たとえば、『からだの話』です。ひろし君を「食べ物」と仮定しても、そのまま消化されて栄養となっていく話になります。

普通、食べ物は口から胃に入り胃液に溶かされてバラバラに分解されます。それが腸から吸収され、血液で運ばれます。一方、呼吸によって肺から入ってきた酸素は血液に運ばれ、栄養と酸素がエネルギーの元となるのです。エネルギー生成の工場で熱を作る肝臓と冷却水を扱う腎臓の働きも見逃せません。

ひろし君が食べ物であるとして、もういちど話を追ってみましょう。

ひろし君は食べ物なので、食べ物そのものの物質の温度しか持っていません。だから「僕の体は冷たいはずだ」と言っています。温かい食べ物だとしてもそれは調理の結果温まっているにすぎないのです。それが暖かい所に居る…というのは、食べたものが胃の中にある様を指しています。次に「気づくと空中に浮かんでいた」とありますが、胃液によってドロドロになり熱となっている所を指します。食べ物はさらに分解されて腸から吸収されていくのですが、熱は天気の法則と同じく軽くなって上へと上がっていきます。一方、気圧が低く気温の低い天とは外気を取り入れる肺に相当します。

東洋医学では万物を「気」という概念でとらえますが、呼吸から入ってくるものを「天の気」、食物によって入ってくるものを「地の気」と言います。ひろし君は今や「地の気」となり天に相当する肺で「天の気」と出会うのです。このあたりが西洋医学の消化の概念とだいぶ違うのですが、ひろし君の話は東洋医学の語る栄養吸収の話にぴたり一致してくるのです。

さらにひろし君は「自分がぬるぬるした体に変わってきているのに気づいた」とあります。東洋医学では「天の気」と「地の気」が出会い、「宋気《そうき》」になる…と言ってます。この宋気はまるで雨のように下へと降り落ちていきます。ここが「ひろし君の体は真っ逆さまに落っこち出した」の部分です。専門的には粛降《しゅくこう》作用と言います。

肺の「粛降」作用によって降りてきた宋気は腎に送られ、先天的に人体のもっている「気」と結合して「元気」という気になります。一般的に用いる「げんき」という言葉は、実はここから来ているのです。雨のように地面に吸い込まれ、他の水と一体化するひろし君とは、体の地の底のような腎臓で「元気」となる様を示していきます。元気は心臓の熱を通じて身体各部に運ばれ、気、血、水となって全身を動かす力となっていきます。皆と一体化したひろし君とは「元気」という気になった事を指し、懐かしい光の玉とは心臓の熱を意味しているのです。

以上、「ひろし君の話」を通じて言えることはひとつです。「冷たいものが暖かいものと出会って何かができる」という事なのです。もともとは冷たいひろし君が暖かい熱によって形を失って浮き上がり、そこでまたも冷たくなって下に落ちる。落ちた先で他の冷たいものに出会ってそれが力のもととなり、また暖かいものに出会う…。という循環をおこなっているのが天気だろうが人体だろうが共通した『ものごとの基本の姿』なのです。この冷たいものと暖かいものを東洋哲学では「陰」と「陽」という言葉で象徴表現します。まさに森羅万象を突き抜ける象徴なのです。

## 2　陰陽から五行へ

ものごとの基本は「冷たいもの」と「暖かいもの」の関係で説明され、これを陰陽という言葉（記号）で象徴する…、とお話してきました。しかしこれは私たちを取り巻く世界のことであると同時に、私た

ちの「ものの考え方」にも成り立つことであることがわかります。陰陽という二つの象徴とは、「ふたつのもの」の関係であるという事です。右があれば左がある。上があれば下がある。男があれば女がある。正があれば誤がある。善があれば悪がある…と、数え上げればキリがないほどに「ふたつのもの」の関係で満ちあふれています。逆に言えば、私たちは「ふたつのもの」の関係でしか物事を推し量れないという事にもなります。たとえば「紙の書類」を見ても、何かが記入してあるオモテ面があるからこそ、ひっくり返した裏側をウラ面と言えるのです。あるものが間違いであると言えるのは、正しいものが何であるか知っているからこそ言えるのです。私たちは常にふたつのものに「分ける」ことで「分かる」、「分かった」と言って理解することができるのです。どちらか片方だけで存在することは不可能なのです。万物が陰陽という「ふたつのもの」の関係で成り立っている以上、私たちもいつも「ふたつのもの」の中で生きているということです。

さて、基本はあくまで陰陽という「ふたつのもの」なのですが、「ふたつ」だけでは説明のしにくいものがあります。たとえば季節です。冬は究極の寒い「陰」です。夏は究極の暑い「陽」です。しかしその間には半分暑い春と半分寒い秋があります。また男を陽、女を陰、子供を陽、老人を陰とするならば男の老人や女の子供はどうなるでしょう。やはり半分陽で半分陰という説明になってしまいます。空間も上と下、右と左があって陰陽となっていますが、右上とか左下といっ

陽

陰

図2

た斜めのラインはどうなるのでしょうか？これも半分陽とか半分陰という事になります。

　私たちが生活する上では、「ふたつ」だけではとても説明しにくいものがある以上、この「ふたつ」は「四つ」に分けて考えられるようになりました。そうすれば春とか秋も説明しやすくなります。そして「四つ」のものにも象徴として名前が付くことになりました。

　東洋哲学、東洋医学ではこれを「木《もく》」「火《か》」「金《きん》」「水《すい》」という記号で表すことになったのです。これはありとあらゆるものに象徴として使われることになりました。時間の軸でも夜中が「水」ならば昼間は「火」、朝を「木」で夕方を「金」…という具合にです。方位でも東が「木」、南が「火」、西を「金」、北を「水」と言います。でもこれだけではまだちょっと足りません。中心を忘れています。陰陽に分かれる前の大本とも言える部分です。これを「土《ど》」と表現します。これで「ふたつ」のものは「四つ」となり「五つ」となりました。この「五つ」を五行《ごぎょう》と言うのです。もとの「陰陽」とあわせて「陰陽五行」という学問体系が出来上がったのです。

　以上は中国での学問体系とされています。この陰陽五行をそのまま医学に応用しているのが「五臓六腑《ごぞうろっぷ》」です。時代劇などで、よくうま

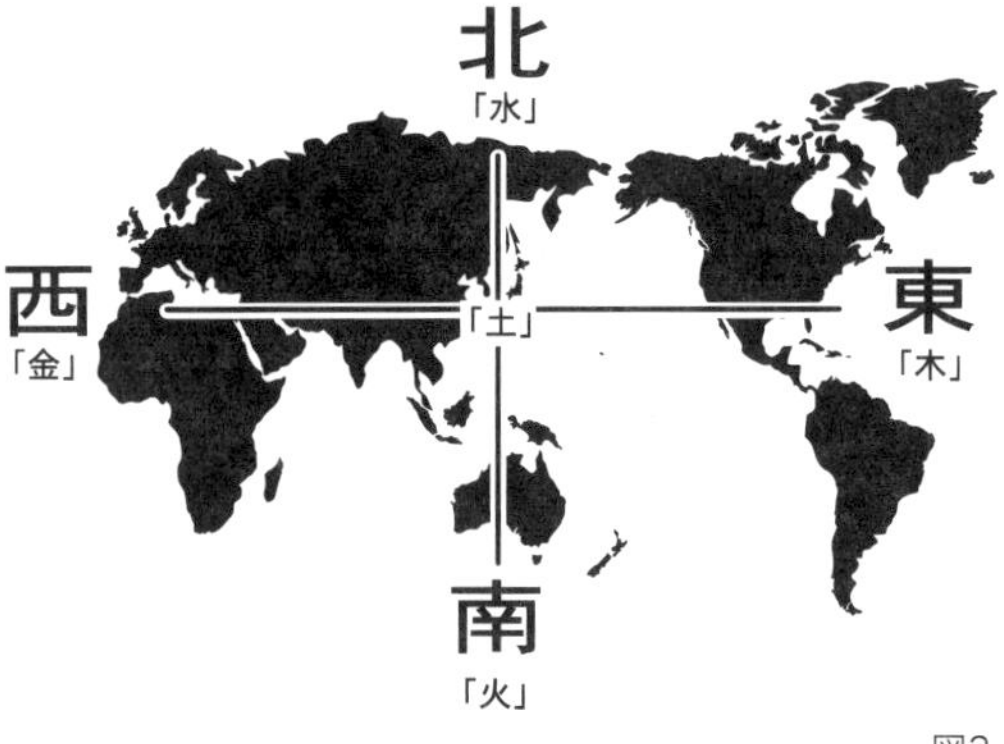

図3

いものを食べた時に「ん〜！五臓六腑にしみわたるぜぃ」という言葉が出てきますが、体の主要臓器のことです。五臓とは「肝」「心」「脾」「肺」「腎」です。そして六腑とは「胆」「小腸」「胃」「大腸」「膀胱」、それに「三焦」と呼ぶ概念的な臓器を加えたものを指します。

　ではこういった五つの象徴という考え方は中国だけのものかと言うと、実はそうでもありません。日本の古来からの考えにも『イクラムワタ』という象徴法があります。「ウツホ」「カセ」「ホ」「ミツ」「ハニ」という名前で呼ぶ五つの要素です。前述の中国の「五臓六腑」がそのまま「五《イ》つの蔵《クラ》」と「六《ム》つの腑《ワタ》」に置き換えられたようにも見える言葉ですが、内容的には五臓六腑のような臓器だけのことでなく精神的な内容を含んでいます。また、西洋にも「地」「水」「火」「風」という『四大』と呼ばれる象徴法があります。これも五行とはちょっと概念がずれてきますが、やはり似たようなものと言えるでしょう。

| 五行 | 五臓 | 五腑 | 形 | ホツマ文字 |
|---|---|---|---|---|
| 「木」 | 肝 | 胆 | ⋀ | イ |
| 「火」 | 心 | 小腸 | △ | ウ |
| 「土」 | 脾 | 胃 | □ | オ |
| 「金」 | 肺 | 大腸 | ○ | ア |
| 「水」 | 腎 | 膀胱 | ≷ | エ |

図4

## 3　五行とは

五行とは五つの要素で森羅万象を表し象徴する便利な「ものさし」であります。ここでは、その五つの要素がどういうものを象徴しているかについて見ていきましょう。

五行の難解なところは「ものさし」であるくせに、「もの」だけではなく、「きれい」とか「尊敬する」とか「落ち込む」などの形のないものまで分類されてくるところです。さらに形のあるものですら、時と場所に応じては五行の分類が変化してきてしまいます。たとえば蛇ならば「長くて細いもの」と形にこだわれば「木」になるし、冬眠している時は「水」になるのです。まさに五行が「つかみ所のない」と言われるゆえんです。しかし人間は前述のように「分ける」ことをしないと理解できないのです。だからこそ五つに「分けて」ものごとを理解しようとしているのです。

さて、もともとは陰陽という「冷たいもの」「暖かいもの」から成り立っているので、ここから考えてみるのが一番わかりやすいと思います。究極に冷たいものは「水」で、究極に熱いものは「火」ですね。このふたつが

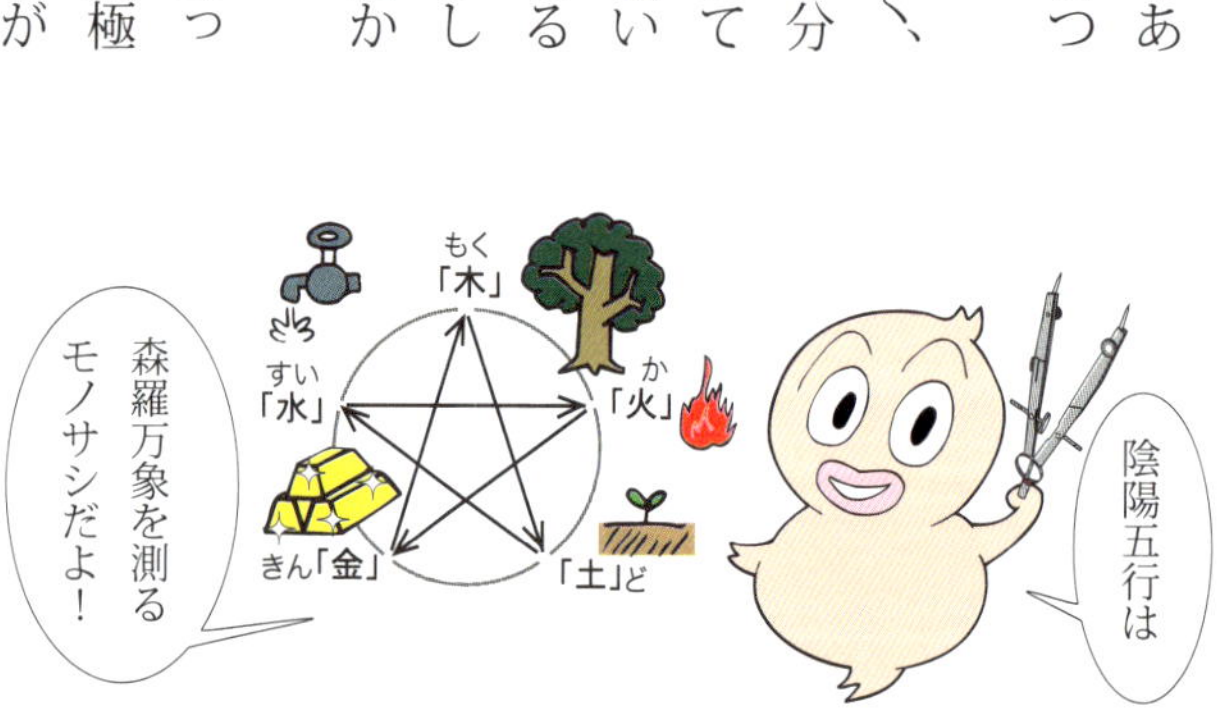
陰陽五行は
「木《もく》」

「火《か》」

「土《ど》」

「金《きん》」

「水《すい》」

森羅万象を測るモノサシだよ！

図5

交じり合っているところに「木」「金」「土」があると考えてみればよいのです。

まずは基本となるイメージを核にして、連想ゲームのようにして見ていきましょう。

以下、五行の要素である「木」は「もく」、「火」は「か」、「土」は「ど」、「金」は「きん」もしくは「ごん」、「水」は「すい」と読んで通常の木《き》とか火《ひ》と区別するようにしてください。

## (1)「水《すい》」

東洋哲学に「天一水《てんいちすい》を生ず」という言葉があります。すべてはまず水から始まるのです。究極の冷たさを表す「水」は、季節では当然「冬」となります。冬は寒いので「北」もです。時間では真夜中。正確には「夜の十一時から午前一時を中心とした数時間」です。夜は太陽が姿を消しているので「月」も「水」で示します。夜は真っ暗なので、色では「黒」となります。夜は寝る時なので「眠る」ことや「冬眠」も「水」です。そして暗やみには何がひそんでいるかわからないので、感情的には「恐れ」「孤独」…という具合に象徴されてきます。

水は命の源です。人間の文明ですら、川のほとりで発生しています。ナイル川、インダス川、チグリス・ユーフラテス川、そして中国の黄河が四大文明の発祥の地でしたね。それに水がないと我々はまったく生きていけません。人間の体の七～八割も水だと言います。そんなわけで人間のエネルギーの根源となる力、それを「精」と言うのですが、これも「みず」ならぬ「水《すい》」という言葉に象徴されてくるのです。

川は土のえぐれた所に貯まった水から始まります。そこで、えぐれたもの、穴のようなものも「水」となります。穴ということから落とし穴に陥るような人生の上での艱難《かんなん》、溺れ惑わされる事、そしてそれに対する忍耐も「水」で表します。また、穴は落ちるだけではなくモノを隠す所でもあるので「蔵」とか「しまう」意味も表します。

水はぽとんと落とすと表面張力で小さく丸まりますね。そこで、「曲直」と言って曲げたり真っ直ぐにしたりすることも「水」で示します。同じく矯正することも示します。ですから職業でも曲がったことを直す、つまり法律を守る警察官とか弁護士、検事なども「水」だし、逆に曲がった人つまり陰険な人とか悪人も「水」なのです。

体つきでも、水滴が落ちるような形に見える下半身太り体型や水が丸まったみたいな丸顔は「水」とします。若い女性一般はぽっちゃりとしているのでまとめて「水」で表すこともあるくらいです。どちょっとややこしいのは鏡とか丸餅のような丸いものは「水」ではなく「金」の象徴になります。どこが違うのかというと、「水」の場合は求心的に丸くなるのであって、「金」の場合ははじめから形として丸いのです。また「金」の所でも後述しますが、「丸さ」が聖性の象徴として用いられることが多いです。このあたりがなかなか難しいかもしれませんが、だんだんとわかるようになると思います。

ちなみに、この内向的というか吸引力というか、引きつける力そのものをも「水」とします。たとえば、結婚前のふたりを引きつけるという仲人、国と国をひきつける外交官、お客をひきつけるセールスマン、接客業…などすべて「水」です。そこで独自の「個性」という概念も「水」に入ります。

そして人間の体の中では一番水に関わっているのが腎臓です。そして膀胱です。このふたつをはじめとする泌尿器科全般も「水」の象徴です。おもしろいのは骨とか歯も「水」の仲間になります。水は温まると水蒸気となり、冷やすと氷になりますが、「水」の冷たさが極に至ると氷のような硬い物質に変化します。そこで、人体の中でも硬い骨とか歯は「水」のグループに入るというわけです。あと、実際の水分、液体として存在する血液とかリンパ液、ホルモンなどの体液関係も「水」ですし、「血余」とも言う「髪の毛」も「水」です。

ただし体毛でややこしいのは、頭髪と性毛以外の皮膚の毛などは「金」とします。皮膚は呼吸する臓器と考え「金」とし、皮膚の毛は肺の延長と考えるので肺を示す「金」のグループとするのです。

ついでにもう少し詳しく述べると、髪の毛を黒くしている力こそが「水」であり、もともとは白髪が本体だと言うのです。だから加齢とともに白髪になるのは黒髪にしている腎の「水」力が欠乏するからと見るのです。人間としての「精」力は「水」の力でしたね。だから老齢とともに「水」力が欠乏して白髪になると考えるわけです。そうなると金髪やブロンドの西洋人はどうなのか…という話になりますが、西洋人はもともと「水」力が東洋人より少ないという説もあります。

また、水に囲まれた臓器、たとえば子宮とその中の胎児も、また頭蓋骨、脳膜に囲まれて脳液に浮かんだように存在している脳も「水」のグループです。ちなみに脳を使うことの多い仕事、考える仕事である学者や哲学者、著作業も「水」とします。胎児という事からも子供に関する職業、小児科医とか保母とか小学校教員も「水」になります。
さらに感覚器としては耳が「水」に属します。なぜ耳なのか…と不思議に思うかもしれませんが、音を聞くという感覚は人体の中で初めに生じて最後まで残る基礎の感覚だからです。胎児の段階ですでに音を聞いているという話はよく言われますし、死ぬ間際にも周囲の呼びかけは聞こえているといいます。その証拠に、死の床で大好きな人が呼びかけると息を吹き返す可能性も高いといいます。音が「水」であるというのは、こういった事の他にも水が音を伝えているという事実も大切なところでしょう。空気中よりもはるかに水中のほうが音を伝えているのです。言い換えると水は音の最良の媒体という事になります。
他には、水に関する職業ということで、水商売をはじめとして水道局や漁業、ジュースやビールなどの飲料物、石油、インクなども同じく判断します。
最後に「味」についても触れておきましょう。味の基本を「五味」と言うくらい五行に深く関わっているのが「味」です。味という漢字は「口」と「未」から成っていますが、「未」はまだ知らぬものを意味するので「口から入る未知のもの」ということです。それだけに味へのこだわりは昔から強かったのではないかと予想されますが、五味の内訳は以下のようになります。
「水」…塩辛味
「木」…酸味
「火」…苦味

「土」…甘味
「金」…辛味
「水」に関係の深いのは海であることから「塩味」が「水」であるということは予想が付くと思います。

## (2)「木《もく》」

季節は冬から春になります。春といえばまっさきに気づくのは生命が息づき始める頃だということです。植物は芽を出し、冬眠から目覚める動物も居ます。家の中にこもっていた人々もオーバーを脱ぎ捨てだんだんと活動的になってきます。従って「木」「火」「土」「金」「水」の五行の中で唯一、有機生命体であるところの「木」が命の動き始める春を象徴することはわかりやすい事だと思います。ちなみに、この「命の動き始める頃」と言うのは、それ以前に命の根源をじっくりと溜めて育んできたからこその事なのです。その「溜めていた時」とは冬つまり「水」という事になります。植物で言えば冬の寒い時期にじっと土の中で種の状態で居た時が「水」で、芽を出し始めた時が「木」ということになります。春になると、今まで冷えていた地面が暖められて冬眠していた動物は目覚め、地面は熱気を受けてモヤモヤとかげろうが上がります。かげろうのように熱気が上昇していく様も「木」そのものです。「木」とは伸び上がろうとするエネルギーであり、熱気なのです。人間で言えば母親のおなかの中で胎児として居た時が「水」で、オギャーと生まれて青年期までを「木」で象徴するのです。

青年といえば若く青い時期です。だから色としては「青」を「木」とします。また、一日で言えば、一番若くすがすがしいのはなんといっても「朝」です。時間にすると午前六時をはさんで午前四時から八時ぐらいまでを「木」とします。そして朝は日の出とともに始まるのでお日さまの昇る「東」も「木」の象徴です。

さて、若々しい青年は静寂よりは喧騒を好み、活動的で、時には暴走すらします。こんな荒々しい力が「木」の象徴なのですが、自然現象ではこれが雷や風に相当します。京都の建仁寺に、風神・雷神図（俵屋宗達画）というのがありますが、まるまる「木」の気を示している所が興味深い所です。また、東京の浅草寺の大門にも風神・雷神の像があるので雷門と称するようになったのは有名な話です。門であるということは「入り口」ということです。そんなところから「入る」や「往来」のイメージが象徴されてきます。たとえば人の多く集まる駅とか商店街などです。さらに「他人の言葉を自分の心に入れる」と考えると、「話し合う」ことも「木」となります。同じく「入る」を「自由自在に入り込む」ととらえると、「やくだつこと」と解して、一般「技術」ととらえ、エンジニアや工芸する人なども「木」に入れます。

また、雷と言えば電気ですが、これも「木」です。昔、怖いもの御三家（四家）として「地震、雷、火事、おやじ」とありましたが、これらはすべて「木」で、今でも「おやじ」以外は怖いものでしょう。これらの共通点はすべて一気にゴーッと来る騒音、迫力があるということです。雷も、ものすごい騒音を伴いますが、ここから音に関わる音楽、放送、電気に関わる電気製品も「木」になります。

ちょっとおもしろいのは、ここで言う迫力や音とはあまり持続力のないものです。瞬発的な力でしかありません。従って、内容的には空虚であるというイメージもくっついてくるのです。だから拡大とか誇張、嘘や自慢、ヒステリーなども「木」となります。時代劇で言えば空威張りをして掛け声だけが大きなニセ剣豪といったところでしょうか。本物の剣豪はじーっと構えて容易に動かず、一気に一刀両断します。まるで座禅のように深みを持ちつつ動かない状態は「水」ですが、一気に切り裂く状態は「金」になります。

図6　風神、雷神

持続力のない動きとはその場だけの事にもなりかねません。そんな事から「果たせないこと」や「迷い疑うこと」、「反目すること」も「木」とします。しかし良いこともあります。「果たせない」という事は、臨機応変に向きを変える器用さも持ち合わせています。今まで固執しているることがダメだとわかるとさっとあきらめて、別の道を行く、別の人に従うといった芸当ができるのです。こういう柔軟さを「巽順《そんじゅん》」と言って、「木」の美徳の一つとなるのです。ちなみに、自分を殺して盲目的に誰かに従うのは「坤順《こんじゅん》」と言って、こちらは「土」のグループに入ってきます。だから言い方を変えると、巽順は坤順に比べて、ちょっとずるいのです。「利に敏《さと》い」というか、自分の利益を計算する余裕があるのです。なんにしろ、巽順とは、山に当たったらそのまま向きを変えることのできる風の動きと同じなのです。

風ということから連想していくと、長く連なっていくというイメージからヒモのような長い物、蔦のような植物、植物を商う八百屋や花屋、植木屋も出てきます。食品で言えばそば、うどん、スパゲティなどです。風をにおいととらえる事もできます。そういう点ではにおいの強いニンニクとかニラも「木」となります。また、風はありとあらゆる所を吹くことから「調える（ととのえる）」とも言います。

さっき「ちょっとずるい」と言ったばかりなのに何故「ととのえる」のだろうかと、疑問の方も居るでしょう。ではこんな場面を連想してみてください。

数人で集まって話をしているとしましょう。ところがB男さんとC吉くんがケンカになりそうな危ない雰囲気になってきました。そこでA子さんがここぞとばかりに割り込んだのです。にこやかにほほ笑みながら話題をすりかえたのです。B男君もC吉君もなんとか和やかな雰囲気にもどりました…。

A子さんの心理をのぞいてみると、ケンカを避けたいという意図はもちろんありましたが、自分のソツのなさをみんなに見せたいという思いが全くなかったとは言えなかったのです。ちょっとだけ計算づくであっても、見事に場は整ったのです。一般社会ではこんなのは、ズルいほうには入りませんね。だから「巽順」はやはり美徳なのです。

ちなみに「利に敏い」点を強調していくと利益を得るための「商売」も「木」になります。しかし、一般的な「商い」は「金」に象徴する事が多いです。ただしこの場合は楽しいショッピングなどの「引きつける」力のある商売で、単純な利益計算のやりとりだけの商売が「木」になります。

また、風は長く伝えるということから宣伝や広告の仕事なども「木」になります。さらに風は速いので、速く動くものも同様に考えます。たとえば飛行機、電車、馬、豹のようにです。そして速く動けるのは足があるためであるという事から、足そのものも「木」とします。足の多いムカデやカニも「木」です。

人体で言えば肝臓、胆嚢が「木」ですが、ヒモのように長い神経なども「木」になります。神経は電気のインパルスをもっているのでなおさら理解しやすいでしょう。神経によって瞬発的に動くのは筋肉です。だからこれも「木」です。筋肉を使うスポーツやスポーツ用品も「木」となります。

肝臓と言えば人体の解毒工場ですが、ここから毒に関わるもの、つまり「毒薬」とか、量次第では毒となる「薬」、薬に関わる医療従事者や薬剤師、そして治療行為そのものまでも「木」とします。

もうひとつ、肝臓と言ったら出てくるのが「酒」ですね。酒は「さんずい」に「酉」(とり)と書きます。酉は西に一本線が入った漢字ですが、これは十二支に出てくる酉(とり)と言えばおわかりでしょう。五行で言えば「金」に分類されます。だから漢字だけを見ると「さんずい」は水つながりなので「水」、酉は「金」となって、ちっとも「木」が出てきません。しかし、酒そのものは「水」や「金」でも、それを飲むという行為になると「木」となるのです。気分を春のようにぱーっと華やかにして、なおかつ肝臓が一気に働き出すからです。ちなみに酒は他とは異なり、そのほとんどがまず胃で吸収されます。他の食物のように小腸まで行く時間がかからないので早く「まわって」くるのです。と同時に体が暖かくなり頭に湯気がたちはじめます。この光景はまるで、春になって地面が暖かくなって湯気があがって

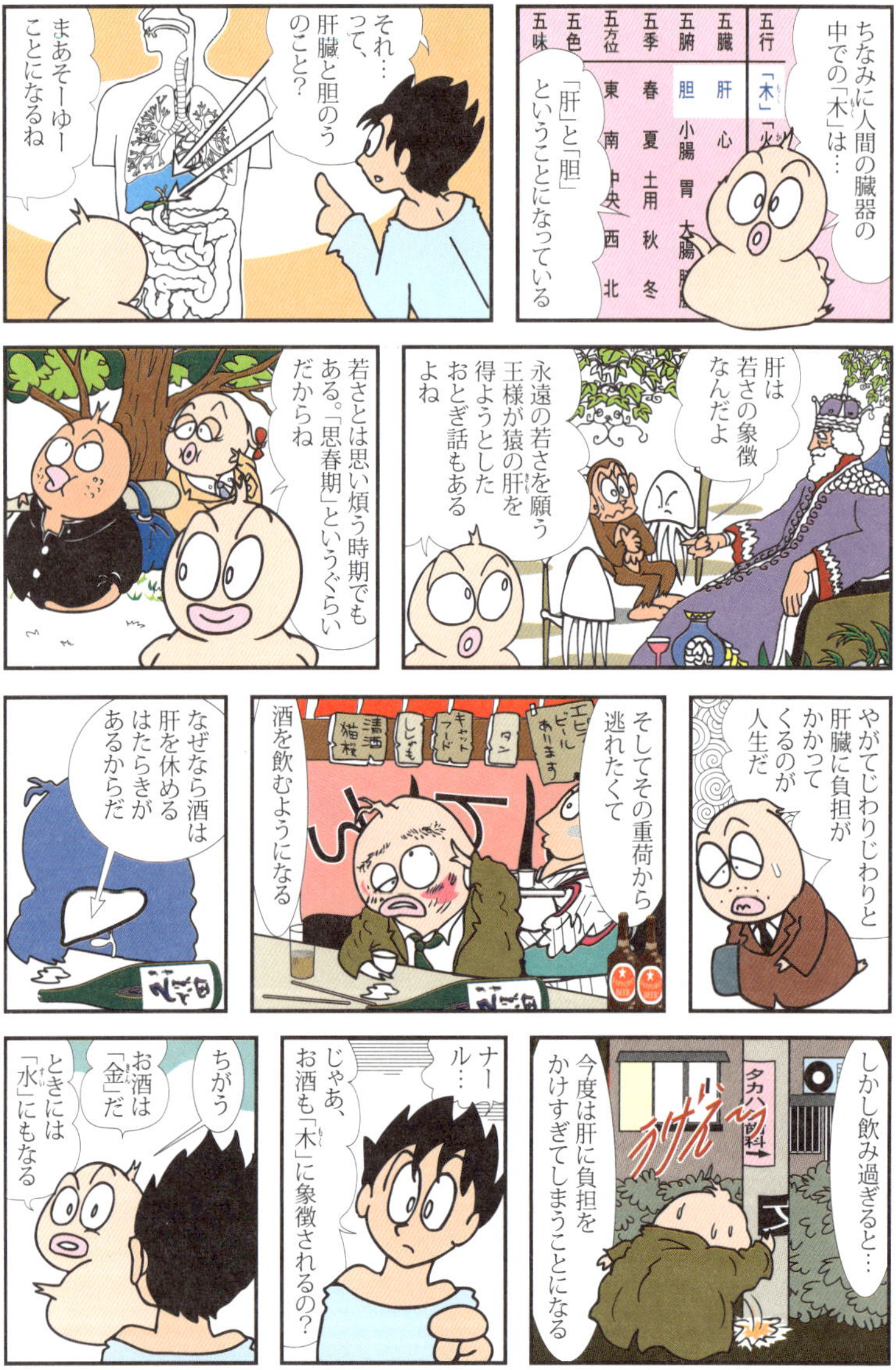


図7 「木」の章 第14話より

いく「かげろう」にも似ています。こんなところから酒を飲むことが「木」に象徴されることがわかると思います。気が大きくなって大声を出したり暴れたりすることもそのまんま「木」のイメージです。しかし、混乱させるようで申し訳ないですが、酒を「楽しむ」という行為は「金」に象徴されます。さっきの剣豪の話のように、やたら騒ぐための酒なら「木」ですが、じっと味わうのは「金」なのです。しかし「金」というのは「バッサリと切り分ける」イメージが入ってくるので、飲酒行為で言えばあまり悪酔いはしない飲み方でしょう。そしてお酒そのものをゆっくりと腰を据えて味わい、深い瞑想状態に入るような静かな飲み方になると「水」となります。この微妙なイメージの違いを感じてみてください。

人体の感覚器で言うと「目」が「木」の象徴になります。目と芽でつながりがあるので「木」だと覚えておくとよいと思いますが、実は目も酒のように複雑な象徴関係があります。電池に繋がって光っている豆電球をイメージしてもらうとわかりやすいのですが、実は電池と豆電球をつないでいるニクロム線が「木」です。電池とは腎のもつ「精」エネルギーで「水」、明るく輝く豆電球は「火」で心臓の象徴となります。目＝「木」というとき、実は目という臓器そのものよりも、見るという行為を指していることになります。

味で言えば「酸味」です。まだ熟してない「あおい」実はすっぱい味がしますね。だから若いということは「すっぱい味」なのです。若者の特権、初恋も「ほんのりとすっぱい味」でしたよね。ちなみに梅干しを食べると「すっぱー！」と言いますが、正確には「しょっぱい」のです。そしてしょっぱいのは「塩辛い」と同じなので、梅干しは「水」の味覚ということになります。ただし、うめぼしの旨味をクエン酸の風味ととらえると「木」となりますが…。

最後にもうひとつ触れておきましょう。僧侶という仕事があります。全般的に「宗教者」と言ってもいいかもしれません。現在、お坊さんというと静かに瞑想しているイメージがありますが、そのウラでは「坊主まるもうけ」の葬式坊主とか、弁慶のような剛腕な兵士のような坊さんも居ました。しかし本当は場の東西を問わず、宗教者というのは一番怖かったのです。世界史に出てくる十字軍や、日本史に出てくる仏徒の強訴《ごうそ》を見ればわかるように、ゴリ押しで縦のものを横にしようとする強さを持ち合わせているのです。その教えを風のように広く伝えようとし、従わない者には雷のような破壊力を行使し、そのうらでしっかりと利得を計算する巽順さを持ち合わせている宗教者は「木」そのものなのです。なんかこう言うと、坊さんにはちっともいい所がないようにも見えますが、誤解しないでください。神や仏という「大いなるもの」への尊敬の念が始めにあったからこそ、宗教者たりえたのです。このように理想を持つ姿勢は人間存在の「朝」とも言える「若者」には絶対に必要な事です。だからこそ「木」なのです。

### (3)「火《か》」

春が過ぎて夏が来ます。「火」と来れば極陽の季節、夏です。そして方位では「南」。時間では真昼のお昼どきをはさんで数時間ということになります。色では「赤」。ここまでの連想は簡単だと思います。

前に「水」を極陰、そしてここでは「火」を極陽と言いましたが、実はここで少し訂正を加えておきたいと思います。今までは話の都合上、イメージしやすいようにそのように言ったのですが、本当は少し違うのです。そのためにちょっと易《えき》の話をしておきたいと思います。

易は占いの大本ですが実は陰陽五行そのものです。街角の易者さんは、どなたも見かけたことがあると思います。その時、かかげている看板をよく見てください。横棒が三つ縦にならんでいる図があると思います。三つならんでひとつの「卦《け》」という意味を持つに至ります。

実はその横棒には、真っ直ぐの横棒と真ん中が切れている横棒の二種類があってこれが「陽」と「陰」を

そうそう、それだよ
ボクが望んでいたのは…
たとえば中国古来の「易《えき》」では
このように三本のセンの並び方によって意味を読み取っているんだ。これを「卦」と言うんだけどね
易《えき》?あー、占いだね
当たるも八卦、当たらぬも八卦、というやつだ
八卦というのはこの三本のセンのパターンが全部で八つあるということさ。そしてそれぞれに意味があって占いの元になっている…
震《しん》
離《り》
兌《だ》
乾《けん》
坤《こん》
艮《ごん》
坎《かん》
巽《そん》

図8　「木」の章　第13話より

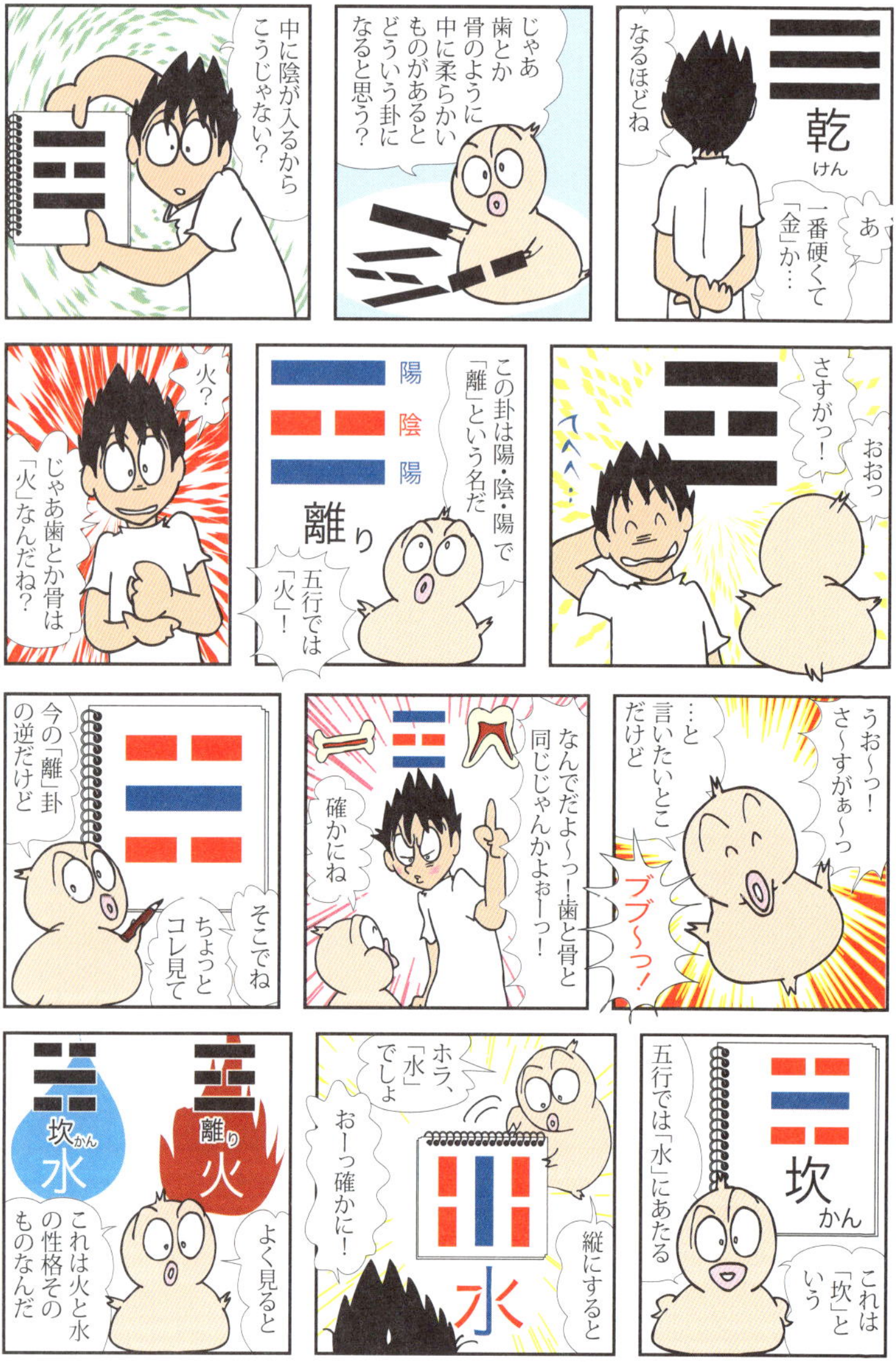

図9 「東洋医学」の章 第163話より

指しています。陰陽の棒が三つ並んで、その配合からいろんな卦を読み取るのです。陽が三つ並べば極陽、陰が三つ並べば極陰ということです。ではその極陽は「火」を意味し、極陰は「水」を意味するかというと、それが違うのです。極陽は「乾《けん》」という卦で、極陰は「坤《こん》」という卦になります。「乾」は「金」に、「坤」は「土」に入るのです。

問題の「火」はどんな卦かと言うと上と下が陽で真ん中が陰になります。ちなみに「水」はその逆で上と下が陰で真ん中が陽です。どうしてそういうことになるかというと、実際の火を思い出してもらえればわかります。たとえば、ろうそくの炎はどうでしょう？一番熱いのは外炎で、内炎はほとんど熱くないというのは小学生でも知っています。つまり、火とは外側は陽だけど内側は陰なのです。逆に水は前述のように表面張力をもって内側に丸まろうとします。現実に真ん中が熱いわけではないですが、外側に比べて硬い芯のあるイメージがあるのです。だから真ん中が陽で外側が陰ということになるのです。事実、水という文字を九十度傾けてみてると、上と下が真ん中の折れている（切れている）横棒（つまり陰）で、真ん中が区切れのない横棒（陽）であることがわかると思います。「水」の卦そのものになるのです。

つまり自然現象として我々の目に映る火とか水は陰陽哲学で言うならば、純粋な陽や陰ではないという事になるのです。だからこそ、「冷たいもの」と「熱いもの」はうつろいながら交流していくのです。

さて、「火」の象徴を考えるとき、この易の卦のイメージがとても役に立ちます。外側は華やかな陽でも真ん中が空虚な陰であることから、「むなしい」というイメージも「火」に入ってきます。易の卦を知らないと、「なんで火がむなしいの？すぐに消えるから？」と悩んでしまうことになるかもしれません。

易では「火」の象徴である真ん中が陰で上下が陽の卦を「離《り》」と呼びますが、これを「つく」事と「はなれる」事と解します。「離れる」のは離という漢字そのものだからわかりますが、「つく」というのがわかりませんね。火はなんにでも燃え移るところからくっつくものという意味に解するのです。そして「離」の卦どおり、真ん中に陰があって陽どうしは離れているので「くっ付くが離れるもの」という象徴になるのです。

「付いて離れる」というと、どういうイメージが広がってくるでしょうか？たとえば鳥です。離陸と着陸を繰り返すからです。しかし鳥は十二支の酉が「金」に入るので、「金」とも考えます。ふつうは燃え立つようにあざやかに目立つ羽を持つクジャクとか、まぶしい朱色のフラミンゴのような鳥を「火」のグループと考えます。

変わったところでは、たとえば「てんぷら」はどうでしょうか？衣がくっついていますが、衣は離れやすいですね。余談ですが、安物のイカのてんぷらなどは確実に最初のひとかじりで衣がはげてしまいます。「くっ付くが離れるもの」というわけです。

それに「化粧」はどうでしょうか？くっつけているだけのもので、すぐに剥げますね。「火」には「華やかに明るいもの」という象徴イメージもあるので、まさに華やかに見える化粧は「火」そのものと言えます。同様に美飾に関するアクセサリーなども「火」となります。他には自分を飾る名刺や印鑑、各種の証明書とか名誉とか賞状などの類いも同様です。「文書」の類いも紙を飾っているものとして「火」に入れることもあります。紙にしみ込んでいるインクを中心に考えると「水」となりますが…。

さらに連想して「被い飾るもの一般」も「火」になります。たとえばカニや亀のような(硬い殻を)かぶっている動物、(硬い)角をのせている羊やヤギなどです。

ただし、亀などの甲殻は内に柔らかいものを入れる穴を持つという点に注目すると「水」とみます。硬さに注目すると「土」となります。

「明らかにする」という事に注目すると、懲戒などの正否を明らかにすることも「火」とします。そこで知識や教育、芸術、さらには弁護士や検事などもここに入ってきます。弁護士や検事は前に「水」の所で「曲直して矯正する」イメージから「水」のグループに入れることも覚えていらっしゃるでしょう。単純に「検事」ならば「水」だとか「火」とか断定できないのが難しいところです。その検事なら検事の姿勢が「罪をあばく」事に重点が置かれるならば「火」だし、「反省させる」事が重点ならば「水」となるわけです。また裁判ではものごとを「明らかにする」ために競い合います。この「競い合う」という事も「火」になってきます。

「華やか」という事を中心に置くと、にぎやかな繁華街とかパーティ会場も「火」になります。これをにぎやかというより騒音ととらえるならば「木」になることは前述のとおりです。

人体で言うと心臓と小腸が「火」です。「火」の赤い色を人体で当てはめるとまず連想するのは血液でしょうが、血液そのものは液体なので「水」で、血液の循環という概念が「火」に入ってきます。そして血液を循環すべく動かしている張本人は心臓ということです。意外に知らないことですが、小腸も腹部の心臓と言われます。小腸は胃で分解、消化された栄養物を実際にその壁から吸収していく場所です。吸収された栄養物は血管に入って肝臓などに行きます。つまり心臓同様、血液を指揮している所なのです。東洋医学では、心臓と小腸は横隔膜を介して交互に動いていると見ます。心臓が動きを緩めている夜間には小腸が消化のための蠕動《ぜんどう》運動を強化して血液循環を助けているのです。

心臓を観念的にとらえると、心とかハートとかいうことになります。当然これも「火」なのですが、前述の日本古来の『イクラムワタ』によると、「火」を意味する「ホ」は（確かに火という字はホとも読めます）、「天の気」と「地の気」の中心に来るものと考えられています。「天の気」由来の「ウツホ」「カセ」と、「地の気」由来の「ミツ」「ハニ」を中心から見守るのが「ホ」というわけです。ここでは単に私たちが「こころ」といってイメージする「こころ」を超えたものがあります。太陽系の中心にあって光を与え続ける太陽のようなイメージです。宗教的に言えば「一者」としての「創造主」であるし、心理学的に言えば「超自我」とでもいうべきものです。それだけにその属性は「愛」ということになります。ただ、愛といってもメロドラマ調の男女の愛ではありません。生かし育み、すべてをつなぐ愛です。「大いなる愛」とでも言うべきものです。ただ、そうは言っても五行のひとつとして「火」を考えるならば、愛のよろこびはすべて「火」の象徴と考えて差し支えないと思います。

感覚器では舌が「火」です。忍者は舌を噛みきって自殺したそうですが、「舌は心の苗」と言われるように、いわば血液の集まりが舌なのです。それと前述のように、目も「火」とします。ただし、光とか見通すという意味での目です。

味では「苦味」ですが、ほとんどの食品は火を通し過ぎると、そのまえに焦げてしまう物もありますが、苦くなるそうです。たとえば、焼き肉屋で火を通し過ぎると、肉でも野菜でも、てきめんに苦くなるのがわかります。ニンニクなどは食べられたものではなくなります。

### (4) 「金《きん》」

五行の中でもっともイメージをつかみにくいのがこの「金」ではないかと私は思います。というのも、まさに「聖と俗」という両極端のイメージが入ってくるからです。

「聖」とは「神仏」のような人間を超えた存在です。人間は陰陽という相対世界の産物ですが、ここで言う「聖」とは陰陽を超えた絶対存在としての「聖なるもの」のイメージなのです。しかしわかりにくいので、一応「天」と表現しておきましょう。天はまさに「聖なるもの」であり、神や仏に近い概念ですね。ここから清らかで丸いもの、白くて純粋なもの、健全にして充実したもの…などのイメージが「金」に入ってきます。それに対してもっとも人間的なドロドロしたもの、つまりカネと商売、オンナやセックス、サケやトバク…、繁華街の薄汚れた裏街道が見えてきそうな「俗」の世界も「金」の象徴になるのです。

一見まったくつながらないような「聖と俗」ですが、具体的には武士をイメージするとよいでしょう。道場には神棚を設け、神仏への礼儀、人間としての礼を怠らぬよう自分を厳しく律するくせに、意見の合わないものは平気で殺してしまう…、なんか変だと思いませんか？「平気で殺すわけでもないし、もともと剣は自分を守るものである」というのは後から付けた理屈であって、人殺しは人殺しです。

人殺しと言えば「戦争」も「金」の象徴です（戦闘の「激しさ」に注目すると「火」ですが）。古代中国では金星を「太白」と呼び戦乱の兆しと見ていました。古代メソポタミアのアッシリア・バビロニア地方で崇拝された女神イシュタルは戦闘的な女神として有名だし、有名な悪魔ルシファーは別名「明けの明星」です。しかしその一方、女神イシュタルは美の女神アフロディテともなんらかのつながりがあると考えられており、ルシファーはもともとは天使でした。このように東洋だろうが西洋だろうが「金」には「聖と俗」のイメージがまとわりついており、こんな矛盾を抱えているのが「金」なのです。

なんでこんな事になるのでしょう。それは「金」には常に正義と悪、仲間と敵というふうに「分ける」という作用が付くからなのです。前述したように人間は相対世界の産物なので「分け」ないと「分からない」のです。分けないと分からないくせに陰陽が分かれる前の存在である崇高な聖なるものを分かろうとするから矛盾を内包するのです。

少し難しくなってきました。なにしろ、「金」とは「分ける」象徴だと覚えておいてください。

たとえば季節なら「秋」です。いくぶん涼しくなって、空がなんだか高くなったように見える季節です。春は酸素性の大気が充満して天は低く見え、秋は乾燥した窒素性の大気で酸素が少なく空が高く見

図10 「土」の章 第64話より

えると言います。言い換えると酸素と窒素を「分けて」しまう働きがあるということです。

「四神聖獣」という方位を守る獣の事をご存じでしょうか?最近では飛鳥の高松塚古墳やキトラ古墳に描かれていた事で有名ですが、このうちの西を守る「白虎」という獣があります。白虎とは、態度を決めかねている中途半端な者を食い殺すという恐ろしい獣なのです。大切なのは、正しければ食われない、間違っていれば食われる…という事ではなく、正しかろうが間違っていようが中途半端な奴は食われるということです。これが「金」の「分け方」なのです。容赦はないのです。

「分ける」ということは、分けた残りを捨てるということになります。中途半端は許されないので、取っておくことはできないのです。みれんは捨てなければなりません。嘘いつわりなくマッサラにならねばなりません。そんなところから色の象徴は「白」となります。白状とか潔白の「白」です。

色に関しては、よく「水」が「白」ではないか?と聞かれますが、これは「水」が冬の象徴で雪のイメージから来ているようですが、白というのは「中には何もないよ」という隠し事のない様を言うのです。それに対して「水」の象徴である「黒」は「中に何かいる、うごめいている」と感じさせるものがあります。現に冬は土の中で種が発芽の準備をしているのです。そういう意味で、「金」は「白」なのだと理解しておいてください。

人体で言えば「肺」と「大腸」、それに皮膚とか口、咽《のど》などの呼吸にかかわる臓器が「金」になります。さきほど「捨てる」という話をしましたが、呼吸は「吐く」方が主体である事をご存じでしょうか?完全に吐き切ることができれば自動的に「入る」のです。つまり捨てることに関わっている臓器である事がわかると思います。大腸は便を作る所なので、文字どおり排泄に関わっていますね。でも実は捨てるべきものと捨てないものを分けている所でもあることに気づいてください。そう、やはり「分けて」いるのです。大腸は小腸のまわりを被うようにして存在していますが、便を作るのに必要なのは小腸の熱なのです。小腸は「火」でしたね。小腸が出した熱をそのまま大腸が受けて、排泄物はその熱に蒸されて固まっていくのです。

固まるということは、内側へと収斂《しゅうれん》していくことです。ちょうど、秋になって植物が実を作るのは、次世代への情報を種へと収斂していくからです。その種を守っているのが実であり、我々の食する果実となるわけです。それがたとえばリンゴならリンゴとなってポトンと落ちる。つまり分けて捨てられるのです。それが土の上に落ちれば腐って土と同化します。そうして種を土の中へと運び込むわけです。まんまと土に入った種は冬の間、土に囲まれて外敵に会うこともなく温度と水分を得て育まれるのです。このあたりは次の「土」の意味にも関係してくるところです。

人間で言えば、収斂して小さくなっていくのは「老人」です。老人は人生の日暮れなので一日で言えば「夕暮れ」です。時間にすれば午後六時をはさむ数時間となります。そして日の沈むのは「西」です。これらはすべて「金」の象徴となります。

ちなみに、老人になると食べ物が咽に詰まりやすくなりますが、何故だと思いますか?人は秋になると毛穴を閉じ気味にして皮膚呼吸を少なくして、そのぶん肺の働きを強くしていくのですが、それだけに肺に負荷がかかってしまうのです。秋、呼吸器、老人とすべて「金」の象徴だということは、老人ならなおさら呼吸器に負荷がかかるという事なのです。さらに秋は要注意だということです。

「聖と俗」という点からもう少し話を進めましょう。「聖」ですから広く、充実して、守護をし、監督しているというイメージが浮かんできます。従って、社長とか政治家、自衛隊、資本家、株主、裁判官、教師などの象徴が「金」に入ります。また、「俗」ですから狭量で、不信感が強く、色情や誘惑にかられやすく、刑罰に処せられやすいイメージが浮かんできます。従って、刑務所、バー、キャバレー、パチンコ屋、沼地、風呂場なども「金」の象徴として浮かんできます。

さらに、「円満な丸」と「欠けた丸」のイメージがあります。円満な丸とはまさに「聖」であり、神社の鏡とかお正月の鏡もちがその代表です。そして欠けた丸とは「俗」の事なのですが、ここでは神に対する人間ととらえてください。ちょうど猿が人より毛が三本足りないように、人間は神の丸が一部欠けている…といった感じでしょうか?この「欠け」を「毀折《きせつ》」という言葉で表現します。毀折とは壊れたり折れたりすることですが、言うならば、正常で完全な状態をこわしている作用ということです。この毀折を易では「兌《だ》」という卦で示します。兌と聞くとなんだか難しいようですが次の漢字を見てください。すべて「つくり」が兌です。

「脱」、「悦」、「説」、「鋭」

服を「脱がす」のは整った衣服をくずす事、「悦楽」は楽しんで心の結ぼれを分解する事、「説明」は言葉をくずしてわかりやすくすることで、「鋭利」とは文字どおり切ってこわす物です。

だから毀折に関わる手術とか病院、厨房、ごみ捨て場、それに刃物類、人間的な毀折として裁判所、

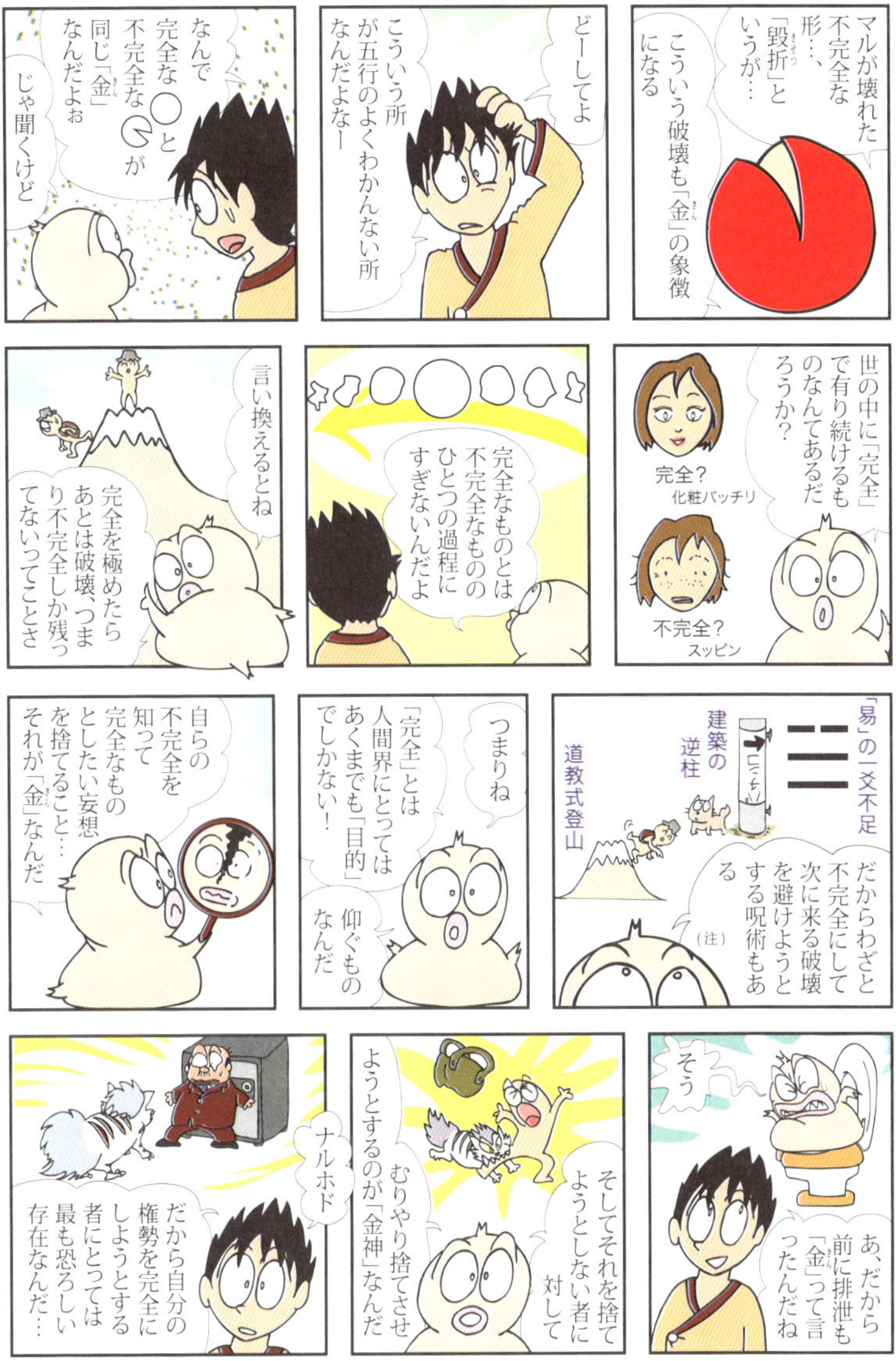


図11　「火」の章　第127話より

少年院、脱衣所、解説者などが「金」となります。

「兌」は毀折で、円満をくずすという意味だと言いましたが、「ほころんだ穴」とも解釈できます。同じ「穴」でも水滴が落ち続けて土にあけた穴、落とし穴ということで「水」にも解しますが、こちらは「ほころんだ穴」です。「水」でも「金」でも穴があれば水が貯まりますが、「水」の穴では流れがない貯水池となります。しかし「金」の穴では流れがあって川とか沢となります。ほころんだ穴なので水は動くのです。

人間の中で一番ほころんだ穴とは「口」なので、口も「金」の象徴となります。さらに口は吸引作用があります。何も呼吸や食事、キスだけのことではありません。おしゃべりによって他人を引きつける吸引作用です。あたかも山の谷底とかビルの屋上から見た谷間に吸い込まれそうになるような、あの「穴」の持つ吸引力に似ています。そこで口に関する飲食業や歯科医とか、口つまり「言葉」を駆使する仕事である落語家、司会者、僧侶、哲学者なども「金」となります。また、吸引力ということは「魅力」という事でもあります。したがって芸能人、タレントとかホステス、セックス産業なども「金」となります。また人類の中で一番口が発達しているのが（おしゃべりという意味で）若い女性です。だから若い女性は「金」となります。文字どおり金のようにかがやく年代と言えます。

もうひとつ、忘れてはならないものがあります。「金」というくらいだからお金の事です。むろん、お金は「金」に象徴され、銀行員や金融業は「金」となるのですが、ここにも「分けて捨てる」という意味が大きく関わってくることに気づいてほしいのです。

さきほど、同じ「金」である「呼吸」のところでこう言いました。『完全に吐き切ることができれば

図12　「土」の章　第43話より

自動的に「入る」のです』と。つまりただ溜めるだけでは絶対に入ってこないという事なのです。五行的にはそうなります。入れば出る、出れば入るというのがお金の自然な姿なので、これが滞るということは呼吸が滞るのと同じで、どこかにバランスの狂いが生じているという事になります。特に問題なのが「金利」の考え方です。「貯めるほどに増える」というのは、落とし穴があります。「貯めるほどに増えて、やがて腐る」というのが正解です。ちまたでも巨万の富をバカな事で一気になくしてしまう人をよく見かけるではありませんか。あの一気になくしてしまうような消え方がまさに「腐る」という事に等しいのです。この「貯め過ぎて腐る」というのは「土」の欠点なのです。詳しくは「土」の所で述べますが、本来「金」であるお金を「土」のように扱ってしまう事から起きてしまった誤りだと思います。

最後に「味」について触れておきましょう。「金」の味は「辛味」です。カレーを食べると毛穴が開いて汗をかきますよね。まさに皮膚呼吸をさかんにして「金」を強めるわけです。

### ⑸「土《ど》」

「水」（冬）、「木」（春）、「火」（夏）、「金」（秋）と季節をひとまわりして、「土」は季節の中心となります。でも季節において「中心」と言われても具体的にはなんのことやらわかりませんね。そこでヒントです。「土用の丑の日」ってありますね。あの「土用」は実は五行の「土」の事なのです。そう言えば、「丑の日は夏の終りごろだから、『季節の中心』というのは夏と秋の間頃の事か…」とお思いになるでしょう。

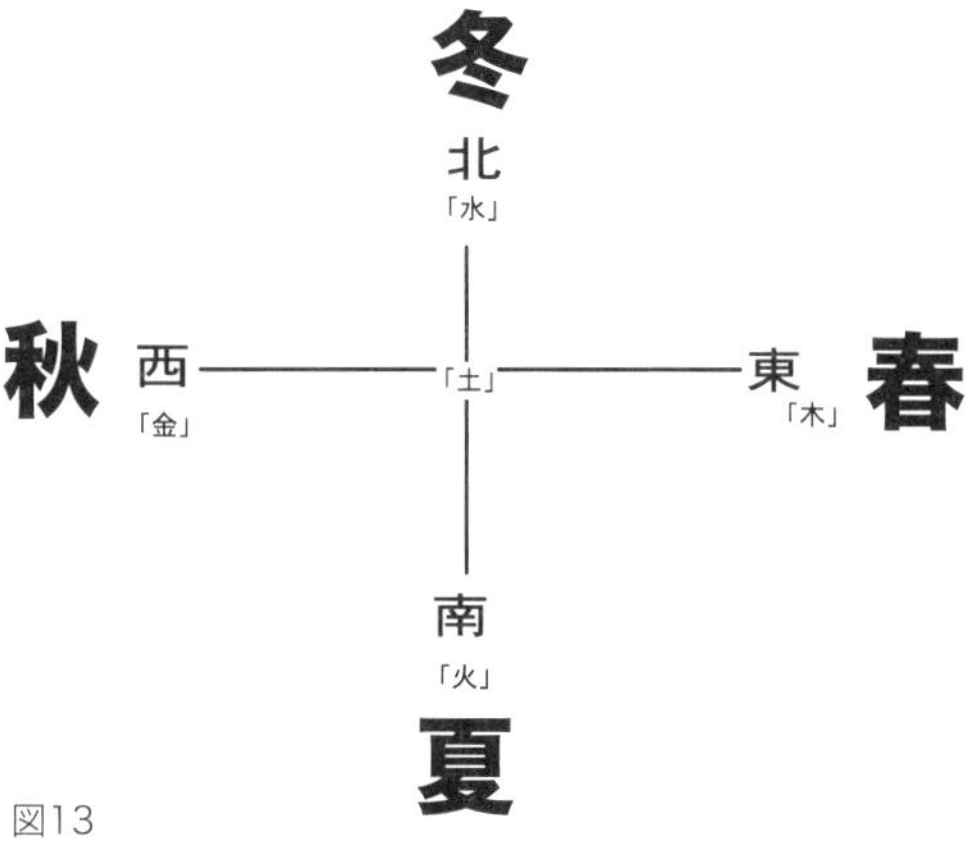

図13

しかし、これでは半分正解です。実は土用というのは、夏と秋の間だけではなく、すべての季節の間に来るのです。単に夏と秋の間だけがうなぎの関係で有名になってしまっただけなのです。

　ちょっと言い方を変えてみましょう。私たちは地球に住んでいます。そしてある季節には水星の影響を受け、ある時には木星の影響を受け、またある時には火星、金星の影響を受けるとしましょう。それぞれの星の影響を受けている季節が木星なら「木」だから春、火星なら「火」だから夏、という具合であるとしましょう。そして季節と季節の間には特に影響を受けている星がありませんね。あるのは私たちの立っている地球だけです。つまりこれが「土」です。それが季節の間が「土」に相当するという事なのです。そして本当は「土」は中心だからいつでも在るのです。そして季節ごとにそれぞれのの影響が強く出てくるために「土」が目立たなくなるだけなのです。

　この「中心」というのがとても「土」では大切な考え方です。中心だから、可視光線の光のスペクトルでも真ん中に来る「黄」が「土」の象徴色となります。また、人体では中心にくるのは胃です。それと脾臓（これはあまりなじみのない器官かもしれません）です。だから、病気の時にも胃の状態が安定しているかどうかが治癒に大きな影響を与えます。また方位でも、中心ですからどちらの方位にも影響力を持ちます。ただし、その中でも特に北東と南西に強く影響を持つのです。実はこのふたつが「土」の象徴の特徴となります。

ではなぜ「中心」であるべき「土」の気が北東と南西に影響を持っているのでしょうか？これは季節に置き換えてみればよくわかります。北東は冬と春の間、南西は夏と秋の間という事になりますから、「極寒からの転換点」と「極暑からの転換点」にあたることがわかると思います。

これは春から夏、秋から冬というゆるやかな転換に比べて激しい転換です。人間の体は急な変化にはなかなかそぐわないように出来ているのです。こういう「きつさ」を五行では「土」気の要素と考えるのです。

激しい転換ということは、両極をあわせもっているということです。そうです。「土」でも「金」と同じように相反するふたつの要素をあわせてもっているのです。具体的には「育む力」と「腐らせる力」です。夏の終わりは物が腐りやすく、冬の終わりは土中で種が育まれているというわけです。しかしこのふたつは「金」の場合ほどに明確に分けるのは難しいのです。なぜかというと、土《つち》は種を育むが、度を越すと一気に腐らせてしまうからです。土はすべてを同化させてしまう力を持っているからなのです。死体を埋葬する土葬も遺体を土に返し同化させますが、同じことです。いわばこれは「母なる大地」の力なのです。考えてみれば「母親」というのも同じような力を持っていますね。子供を大切に育みますが、ついつい過保護に陥り子供の巣立ちを妨げてしまいます。いわば「育てる」が「腐らせて」しまうのです。そんな意味で「親」も「土」の象徴ととらえます。

さて、五行を日本風にアレンジしたものを陰陽道《おんみょうどう》と言いますが、この陰陽道では北東を鬼門、南西を裏鬼門と言って特に重視しています。この不気味な名称を理解するには今述べた「親」の概念に当てはめるとわかりやすくなります。「親」と言えば広義には両親ですが狭義には母親ということになります。そこで「土」も母親の象徴と考える場合と、両親の象徴と考える場合が出てきます。

両親ということで考えると、鬼門（北東）が父親、裏鬼門（南西）が母親となるのです。なぜかと言うと裏鬼門の方が腐らせる力が強いからです。さらに、鬼門を生門と書く場合もあります。読みはおなじく「きもん」です。この場合、裏鬼門は「死門」と呼びます。確かに夏の終わりの「腐らせる」力は「死」を意味します。反対に生門の方は冬から春なので、だんだんと芽生える季節に相当し、生命にあふれる時期です。そうは言っても鬼門も裏鬼門も共に「恐ろしい親」のイメージでとらえられて

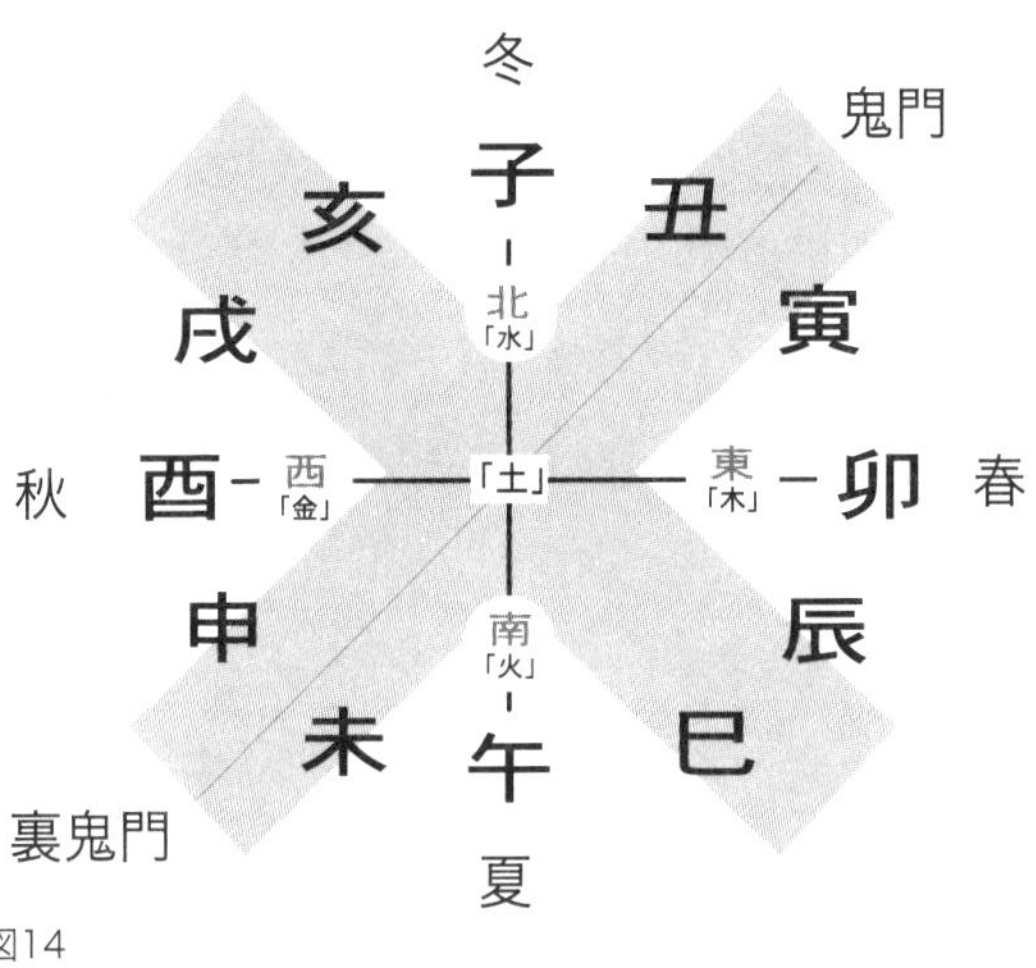

図14

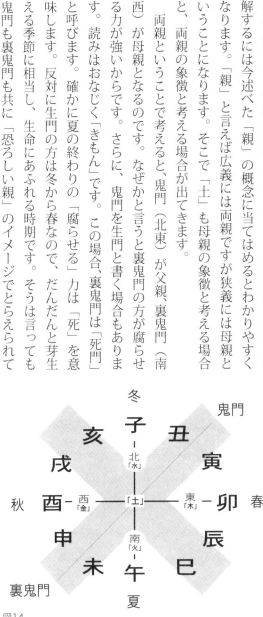

きました。

親が恐ろしい…というとなんだかピンとこないかもしれませんが、「獅子はわが子を千尋の谷から突き落とす」ようなイメージです。ここで言う親は「母なる大地」でもあり魂のふるさとである「天」でもあります。人間にとって、いつ天災を通じて千尋の谷に突き落とされるかわからない、そんな怖い親なのです。人間としてどうにもできないのが天災です。命ある人間にはどうにもならない力をもつ、恐ろしい存在であるから死者も自由に出入り出来る「門」というイメージが重なってきたのでしょう。

とにかく陰陽道の世界では鬼門と裏鬼門をすごく恐れます。中国は漢の都の北東に大きな桃の木があり、その彼方に死者の出入りする門があったといういわれが古文献にありますが、その影響からか、日本でも鬼門と裏鬼門、とくに鬼門を重視するようになりました。七九四年、桓武天皇によって造られた平安京ではまっさきに「鬼門封じ」が行われています。御所の北東の角はわざと欠けて造ってあり、さらに都の北東にある比叡山延暦寺が鬼門から来る鬼を防いだとされています。事実、平安遷都の時に鬼門の方角から嵐が吹いて害を与えたとの記録があります。最澄によって開かれた比叡山の天台宗はいわば天皇家のおかかえ宗教であって、天皇家を見えない敵（鬼）から守り、制圧する立場にあったわけです。その証拠に現在の天皇家の紋章である菊の御紋はもとは天台宗のものです。

だいぶ方位にこだわってしまいましたが、その他の「土」の象徴について考えていきましょう。「土」気には「腐らせる」「同化させる」「制圧する」象徴があると言いましたが、これは実はすべて同じ事です。たとえば前述した「胃」ですが、食物を人体に入れるために何をするかというと、まるで自然界の土の作用と同じなのです。落ちた柿の実がやがて腐って土に同化していくのと同じです。「腐る」ようにバラバラに分解して、異物であった食物を自分の中に「同化」していくのはまさに「制圧」していく事でもあります。

言い方を替えると同化していくのは「平らかにして」いく事であり、それを溜めて「山にして」いく様でもあります。ここから裏鬼門を「平ら」、鬼門を「山」にも結びつけます。

この「平ら」という点から、「社会的常識」といった概念が出てきます。さらに「柔順」「中和」「勤勉」「謙譲」「育成」「丁寧」などの謙虚で誠実なイメージが湧いてきます。だからまさに「日本の母」的な「妻」「母」の象徴にもなります。だから女房役の仕事である次官とか秘書官とか副社長などの仕事も「土」にあたります。一方、貞淑な妻の欠点として平凡さにあまんじる、疑い深い、へりくだる、冒険しない…などの点も出てきます。労働者、大衆、下請け業、烏合の衆、ペットの動物、家畜、…などです。また大衆向けという点から大衆酒場とかデパート、大衆メニューであるラーメンとかカレーライス、だんごの類い、へりくだるという点からカーペット業とか畳屋、なども出てきます。時間をへりくだると解釈すると古物商とか廃品回収業なども「土」とします。おもしろい所では烏合の衆というのを糸の集まりと解釈して布製品、物の集まりとして納戸とか風呂敷、鞄などの収納関係、群れをなす動物として羊や蟻、蜂などとも考えます。

また医療一般も「土」に入ります。治癒ということは事を平らかにするという意味からです。

一方の「山」という点から、「頑固」「慎重」「貯蓄」「謝絶」のような頑固おやじのイメージが湧いてきます。山は進みを停止させることから「静止」、また毅然として動かないことから「高尚」「賢人」「管理」、そして時間的には「時」「待つ」などの象徴があります。

職業的には山ということから「山林業」、動かないということから「不動産業」、さらに待つことは熟成させることでもあるので「教育関係」、養育にはお金がかかるのでここにも「金融業」の象徴が出てきます。止まるということから停車場、堤防、それを休息と考えてホテルや公園、喫茶店なども出てきます。

その他、頑固ということから硬いという事で豆などの硬い質の食物、石屋、歯科医などの硬いものを扱う職業、硬いくちばしや角を持つ動物として牛やゾウ、ツルとかサギもあります。

また「土」ですから当然、土《つち》に関する仕事である農業とか土木業、陶芸家も出てきます。

味では「甘味」が「土」です。甘いものは疲れたときには本当にフーッと一息入りますね。前述の象徴で「休息」というのがありましたが、まさにそれです。しかし甘いものを食べ過ぎるとどうなるでしょうか？フーッと一息が行き過ぎて緩みっぱなしになってしまうのです。同じ「土」の象徴である胃では蠕動《ぜんどう》運動に支障がくるほどに緩んでしまいます。そのぶん消化も悪くなり、全身のバランスを狂わせてしまうので、要注意です。

## ⑹それぞれの関係

以上、五行の象徴を説明してきましたが、それぞれの関係について述べておかねばなりません。五行の五つの要素は季節のように推移していくものもあれば、肉体臓器のように互いに関連して作業をしていくものもあります。普通、五つを「相生《そうせい》ルート」「相剋《そうこく》ルート」という関係で説明します。

相生ルートとは互いを生む関係で、
「水」は「木」を生む…水のある所に木が生える
「木」は「火」を生む…木のある所に火がつく
「火」は「土」を生む…火で燃えた所に土が残る
「土」は「金」を生む…土には鉱物がある
「金」は「水」を生む…金属の表面には水滴が付く
と説明します。

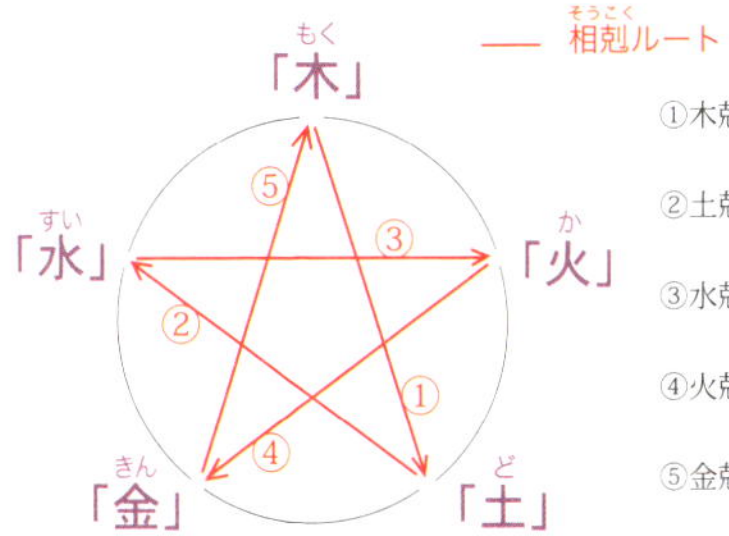


①木剋土（「木」は「土」に勝つ）
…木は土の場を奪う
②土剋水（「土」は「水」に勝つ）
…土は水を埋め立てる
③水剋火（「水」は「火」に勝つ）
…水は火を消す
④火剋金（「火」は「金」に勝つ）
…火は金属を溶かす
⑤金剋木（「金」は「木」に勝つ）
…金属は木を切り倒す

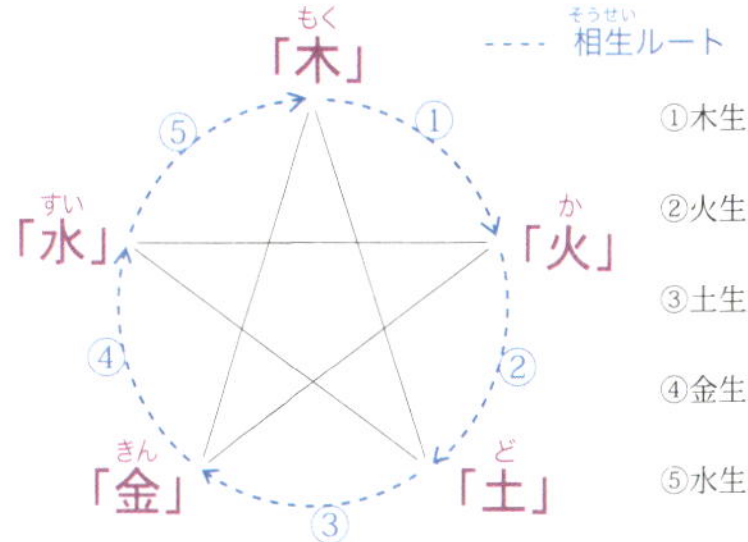


①木生火（木は火を生む）
…燃える
②火生土（火は土を生む）
…灰になる
③土生金（土は金を生む）
…土中には鉱物、金属がある
④金生水（金は水を生む）
…金属、鉱物の表面には水が凝結する
⑤水生木（水は木を生む）
…水は植物を育てる

図15

また、相剋ルートとは互いを剋する（殺す）関係で、

「水」は「火」を剋する…水は火を消す
「火」は「金」を剋する…火は金属を溶かす
「金」は「木」を剋する…金属（斧など）は木を切る
「木」は「土」を剋する…木の根は土の場所を奪う
「土」は「水」を剋する…土は水を埋め立てる

と説明します。易学や風水、東洋医学の原則もすべてこの関係で説明します。

もともと古代より五行という要素は考えられていたのでしょうが、紀元前三百年頃、中国の鄒衍《すうえん》が相剋ルートの考え方を導入することによってまとめたとも言われています。後、これが強大な影響力を持つようになったのは、秦の始皇帝（紀元前二百年頃）が制度に取り込んだことによるとも言われます。具体的には始皇帝は周の火徳（前王朝の周は「火」をシンボルとした）に勝つ水徳（「水」をシンボル）を使用したのです。そこで「水」の色である黒を基調とし、衣服や節旗の色は皆黒にし、車は六頭の馬にひかせた（六は「水」のシンボル数）と言われます。また、六尺を一歩と規定したり河の名を改め徳水としたりと、ものすごい徹底の仕方です。

さて、以下にあげるのは日本最古の歴史書とされる古事記と日本書紀の冒頭部ですが、このころすでに明確に陰陽と五行の考え方が導入されているのが見えます。

『古事記』（紀元七百年頃）

乘二氣之正、齊五行之序、設神理以奬俗、敷英風以弘國。

（「二気（陰陽）の正しきに乗り、五行の序を整え、神理をもうけてならわしを進め、英風を敷きて国をひろめたまひき」）

『日本書紀』（紀元七百二十年頃）

古天地未剖（いにしえのあめつち　いまだわかれず）
陰陽不分（めを　わかれざるとき）
渾沌如鶏子（まつかれたる　ことりの　ごとく）
溟　而含矛（くもりて　きざしをふくめり）
及其清陽者　薄靡而為天（すみあきらかなのものは　たなびきて　あめとなり）
重濁者　淹滞而為地（おもくにごれるものは　つづいす　つちとなる）

まだ一般的には認められていませんが、古事記と日本書紀の原型とも言われる『ホツマツタヱ』という歴史書があります。すべてが和歌の形式の古代文字で書かれている文献ですが、この中に陰陽や五行の原型とみられる概念があります。『ホツマツタヱ』の推定成立時期が紀元前七世紀頃というので、こうなると中国の鄒衍による五行理論よりもっと古いです。とはいっても、今の教育では、この時代の日本は縄文時代で文字などなかったとされているので、インチキ扱いされてしまうのですが…。私、個人的には中国やギリシアであれほど文明が栄えていた頃に日本では文字も持たない半分原始人のような生活をしていたとはとても思えないのです。まあ、なにはともあれ『ホツマツタヱ』（略して『ホツマ』とも言う）の冒頭の部分を見てみましょう。ここにも陰陽的な発想が見てとれると思います。

『ホツマツタヱ』（前編　紀元前六百八十年頃　後編　紀元百二十五年頃）

古の天地　初生の際限無きに　兆し分るる天始の陰陽
陽は天となり　日の輪なる
陰は地となり　月となる
神その中に生れまして　国常立命の常世国
八方八降りの　御子生みて　皆その国を治めしむ
これ国君の　始めなり

たとえば「陰中の陽、陽中の陰」ならば以下のような文章が相当します。

陰《め》に火《ほ》あり　火摩火打《ひすりひう》ちは
月の火《ほ》ぞ　陽《を》に水ありて
燃ゆる炎《ほ》ぞ　中の暗きは

炎《ほ》の水よ　（13アヤ）

興味深いのは、『ホツマ』の持つ五行理論とも言うべき『イクラムワタ』という概念です。前にも少し述べましたが、自然界の要素を五つに分類しているところは五行と同じです。違うのは『イクラムワタ』は精神的とも言える要素がかなり多いのと、相剋ルートのような「殺し合う関係」という考え方は入ってこない点です。『ホツマ』の中の古代日本とは言魂を重視した「和」の世界なのです。

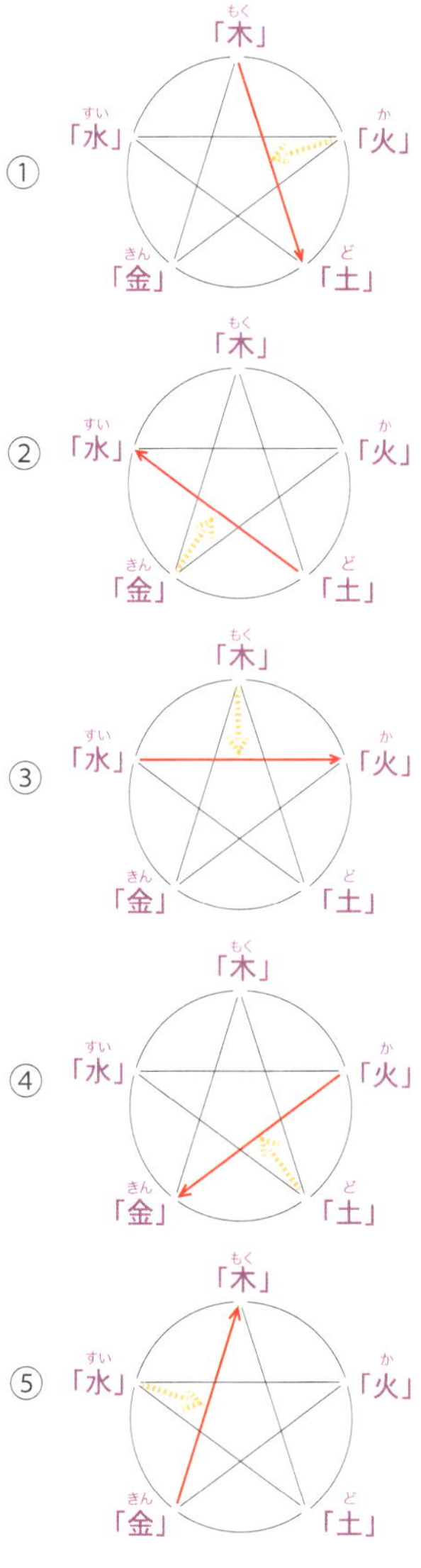

図16

さて、五行の関係において、おのおので何がおきるかを中心に考えてみましょう。

まず（図16）を見てください。これは前述の相剋ルート関係の図なのですが、この矢印を殺し合う関係と見るのではなく、あえて進む方向と見ると、『「木」は「火」の触媒によって「土」となる』といった関係が出てきます。なぜ「触媒」という表現をするのかは次章で説明します。以下、その要領で解説すると次のようになります。

①『「木」は「火」の触媒で「土」となる』
木は火によって燃えることで土となる

②『「土」は「金」の触媒で「水」となる』
土は金属（鉱物）を含むことで清浄な水をたたえるようになる

③『「水」は「木」の触媒で「火」となる』
水は蒸気となることで上昇して太陽に近づく

④『「火」は「土」の触媒で「金」となる』
火は土を蒸すことで溶岩のような鉱物を作る

⑤『「金」は「水」の触媒で「木」となる』
ミネラルは水に溶け込むことで植物などの生物を育てる

以上の事を、日常のものごとで検証してみましょう。

たとえば紙があります。これに火を近づけた時、紙は燃えるのですが、これには酸素が必要であることは誰でも知っていることです。原子レベルで見るならば火というエネルギーのショックによって紙の原子の中の電子が動きやすくなって、そばにある酸素が電子を奪ってしまうわけです。電子を奪われた紙の原子は紙の形を失うと同時に、電子を奪われた事によってエネルギーが発生するのです。言い換えれば、電子によって封印されていた紙の内なるエネルギーが解放されるわけです。そのエネルギーが火という形で私たちの眼に映るわけです。つまり紙が燃えるわけです（図17）。これが紙でなくて金属だったら、燃えずに熱を持ちますが、これは解放されたエネルギーが熱という形で私たちに認識されるわけです。これが原子間の力ではなく、核の中の陽子と中性子の結びつく力（核力）のレベルで起きると、もっと大きなエネルギーとして出てくるわけで、原爆がそれです。

　これが③の『「水」は「木」の触媒で「火」となる』ということになります。「水」は物質、「木」は酸素、

図17　「東洋医学」の章　第172話より

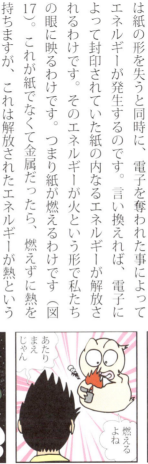

そして「火」は火《ひ》というわけです。

「水」は「火」とあわせて物事の陰陽ですが、形をもたないエネルギーが陽の「火」なら、形をもつ凝縮したエネルギーが陰の「水」だからです。そして「木」が酸素であるというのは、「木」の味が酸味であったことからもわかると思います。別に語呂合わせではありません。酸味とは若い味を言うのであって、「木」とは若さに象徴されるような動かす力なのです。従って、エネルギーが凝縮されている「水」が、「木」という動かす力によって、「火」という解放されたエネルギーになる…という事なのです。

これは消化吸収の過程でも説明できます。消化された食べ物とはどんどん分解されて水素のような原子になります。おおざっぱに言えば食物はすべて水素のような電子供与体となるのです。それが細胞のミトコンドリアという器官で、酸素によって電子を

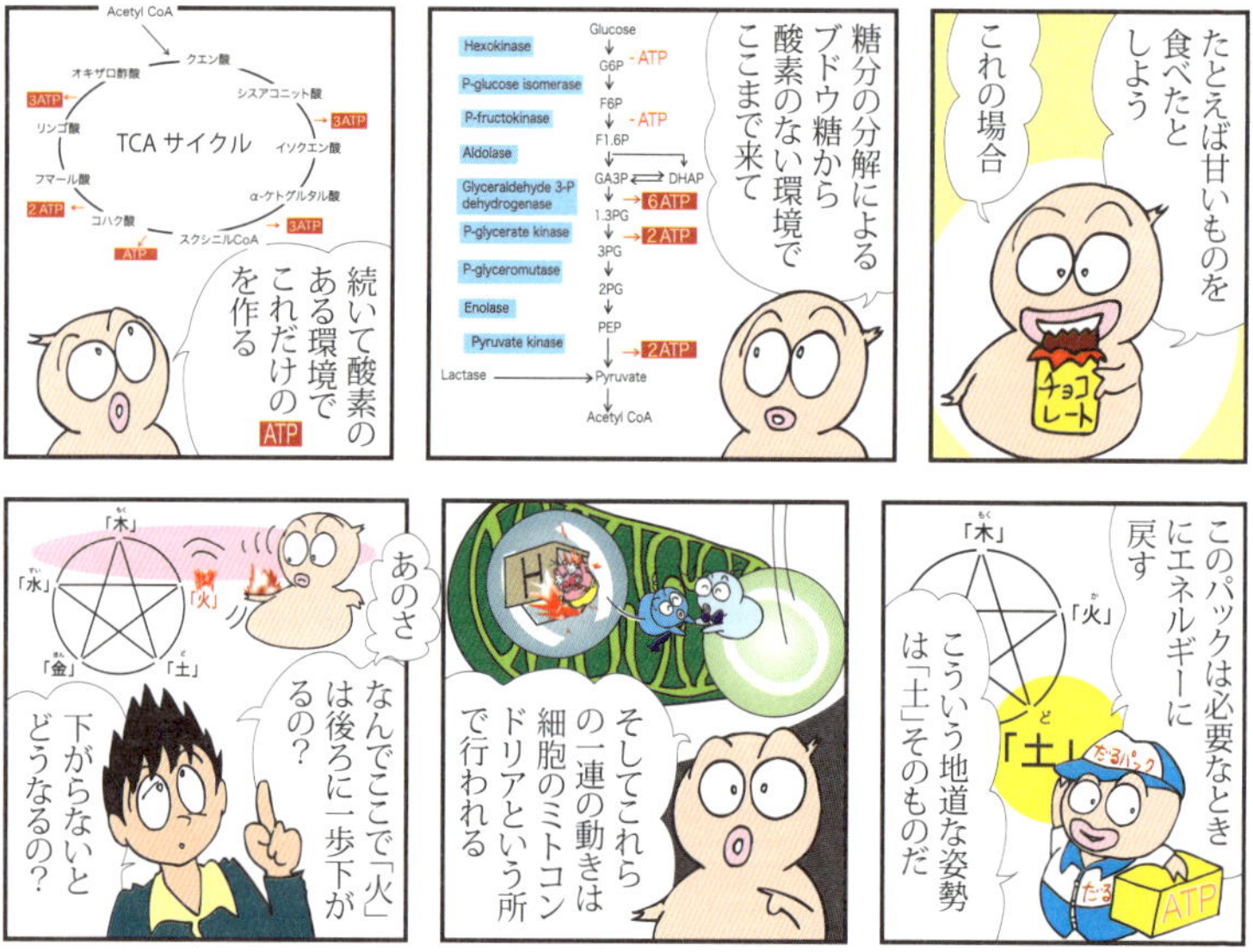


図18 「東洋医学」の章 第172話より

引き抜かれる（ＴＣＡサイクル）のです（図18）。そしてここにエネルギーが生じます。ここまでが「水」（水素）と「木」（酸素）から「火」（エネルギー）が生じる過程（③）です。しかし、ここでのエネルギーは火ではありません。熱です。ですが熱としてすべて放出してしまうわけにはいかないので、生体はそれを何かの形で溜めようとします。何かとはＡＴＰ（アデノシン三リン酸）です。ＡＴＰとは、生物のエネルギー代謝の主役であり、エネルギーが有効に利用されるように、蓄え、運搬し、必要に応じてさまざまな形で放出するための通貨のようなものです。通貨という発想から「金」に象徴する事ができます。このエネルギーがＡＴＰになる形を「リン酸化」と言いますが、これに相当するのが④です。

④では「火」のエネルギーが「土」の触媒で「金」のＡＴＰになります。このときの「土」とは③の始めで水素を抜き取られた水素イオン($H^+$)です。これをプロトンと言います。いわばプロトンは「水」のなれの果てなのですが、これがあることによってミトコンドリア内外の濃度差と膜電位差が生じてＡＴＰが出来ると言われています。

プロトンとは電子と同じく素粒子である陽子の事ですが、陽子と中性子から原子核が構成されていることを見ればわかるようにものごとの中心です。中心ということから「土」に象徴されます。

さてＡＴＰはこの後、加水分解されて新たな化学結合（グルコース＋ＡＴＰ↓グルコース－6－リン酸＋ＡＤＰなど）を行い、筋肉の収縮、繊毛の運動、細胞内へのいろいろな物質の取り込み（力学的エネルギー）や、光エネルギー、電気エネルギー…などのいろんな原動力となっていきます。これが⑤の過程です。「金」のＡＴＰは「水」で加水分解され、「木」の原動力となるのです。

ここで、「変だな？」と思った方も居ると思います。「水」は水素だったし、「木」は酸素ではなかったのか？という疑問だと思います。五行での象徴はサイクルを回るごとに変わっていくのです。これが理解しにくいところでもあるし、信用されにくい「あてつけ」じみた話に見えるゆえんなのですが、事実そうなのだから仕方がありません。しかし五行の象徴の意味あいをよく理解してもらえれば、とても便利なものさしとなるのです。ここでの「水」は加水分解でしたが、文字どおりなのでわかりやすいと思います。また、「木」が原動力というのも「動かすエネルギー」が「木」であると説明しているのでわかると思います。

他にもいろいろに解釈することができます。もっと社会学的にとらえるならば、①なら「木」の「若者的な衝動、暴発エネルギー」は「火」の「親の愛」によって「土」の「社会的常識を持った社会人」となっていく…とか、③の「水」の「自我に偏ったエゴ的な要求」は「木」の「見つめ直す眼」によって「火」の「自我を越えた超越的自我による無私の心」へと変化する…とか、いろいろと見つけられると思います。

しかし、何度も言いますが、五行はものごとを深く理解するための「ものさし」であって、あてつけに理屈をつけていくものではありません。ものごとを理解するためには最初のうちはある程度、あてつけになっても仕方ないかもしれませんが、それは仮説として保留しておけばよいのです。やがて、引き出しの違うものごと（算数と国語のように）の間につながりのあることが発見できればよいのです。今の人間はものごとを「分けて」いかないと理解できないと述べましたが、分け過ぎてしまった結果、もとのつながりを見失ってしまっている事が多いのです。そこにある関連性が見えてきたとき、我々はすべてのつながりのひとつである事に気づくのです。ひとりで生きているのではなく、多くのものごとのつながりの中で生かされているのだという一種宗教的な感慨にふけることすら起きてくるでしょう。

こういった発想は東洋的なものごとの「おはこ」でもあります。西洋文明はものごとを「分ける」ことで合理的に理解することで発展してきましたが、東洋文化はそれをまた「つなげる」ことになります。五行は「分けてつなげる」のです。

## 4　五行の認識論

### (1)相生ルート、相剋ルートの意味

図19を見てください。この図は五行のそれぞれの要素を認識論にあてはめてみたときのキーワードです。

前に「天一水を生ず」であって「水」がものの始まりであると述べましたが、ここでは成立の順番ではなく、あくまでものごとの流れる順番として考えます。すると、まず「木」が始まりとなります。「木」こそは「認識の入り口」なのです。

さて、ここからが問題です。相生ルートと相剋ルートを比べてみると「火」と「金」だけが異っており、あとは内容が一緒になっていますね。これは相剋ルートの順番を考えてみるとわかります。「木」から始まった場合、相剋ルートでは次にくるのは「土」です。そして「木」と「土」の間にある「火」は「木」「土」の流れに影響を与える存在として関わりを持ちます。自分自身は変化することなく関わるので、これを私は「触媒」と呼んでいます。同じように「土」の次は「水」となり「金」は触媒です。だからこの図では、相生ルートと相剋ルートでは「火」と「金」のみが意味あいが異なっているのです。相剋ルートの「火」と「金」は触媒なのです。

しかし、相剋ルートではまだ本当は後半があります。「水」

| | 相生ルート | 相剋ルート | 未木 |
|---|---|---|---|
| 「木」 | 入り口 | 入り口 | ③ |
| 「火」 | 熱 | ① 愛 | くもり |
| 「土」 | 基盤 | 基盤 | |
| 「金」 | 否定 | ② 純化 | マイナスゴールド |
| 「水」 | 自分 | 自分 | |

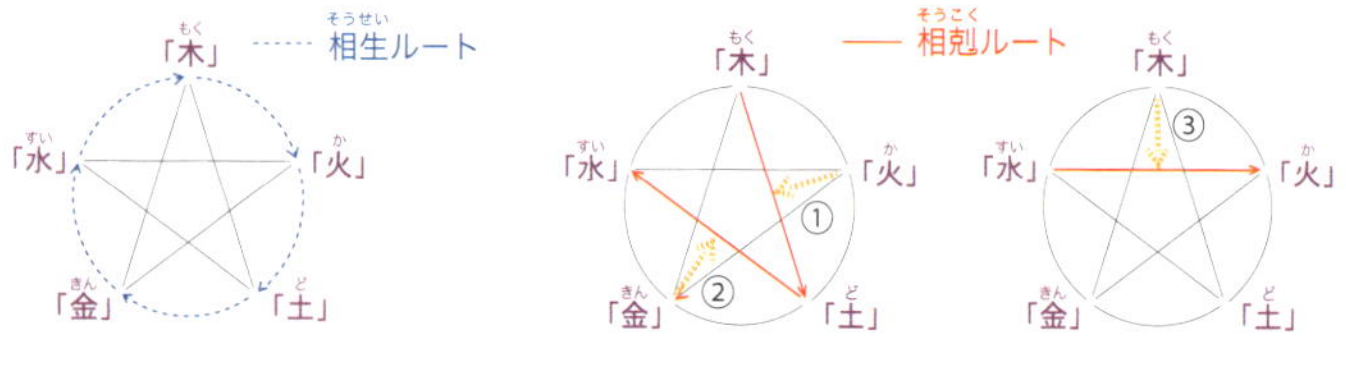


図19

の次は「火」になりますが、ここでの触媒は「木」です。「木」はものごとの入り口でした。しかしここでの「木」は後半の「木」で、あくまでも触媒となります。この後半以降についてはこの図には書かれていません。同様にして「火」の次は「金」となり、今度は「土」が触媒になってきます。こうした後半以降はここでは複雑になるので触れないでおきます。後のほうで説明することにしましょう。

五行の相剋ルート理論は中国の戦国時代の戦略の基礎でしたので、あくまでも「殺す関係」と説明されてきました。たとえば「木剋土」では、『「木」は「土」に勝つ（「木」は「土」を殺す）』関係というわけです。だから「土」を象徴している国に対しては自らを「木」になぞらえていけば勝てる…というわけです。これを応用して占いでも「土」タイプの人に対しては「木」タイプが勝ってしまう…と言ってきました（だから相剋ルートではなく相生ルートのタイプのほうが相性が良いという結論になってしまうのです）。

しかしこういった相剋ルートの道はあくまでも戦術のための修羅の道です。人は成長していかねばなりません。そう考えた時、五行の意味合いは全く変わってくるのです。あえて勝てる相手に対して勝ち誇るのではなく理解していくことが魂的な成長となるのです。これが新しい相剋ルートの関係の見方なのです。だから『「木」は「土」に勝つ』のではなく、『「木」は「土」を理解することで自らを変革していく』のです。

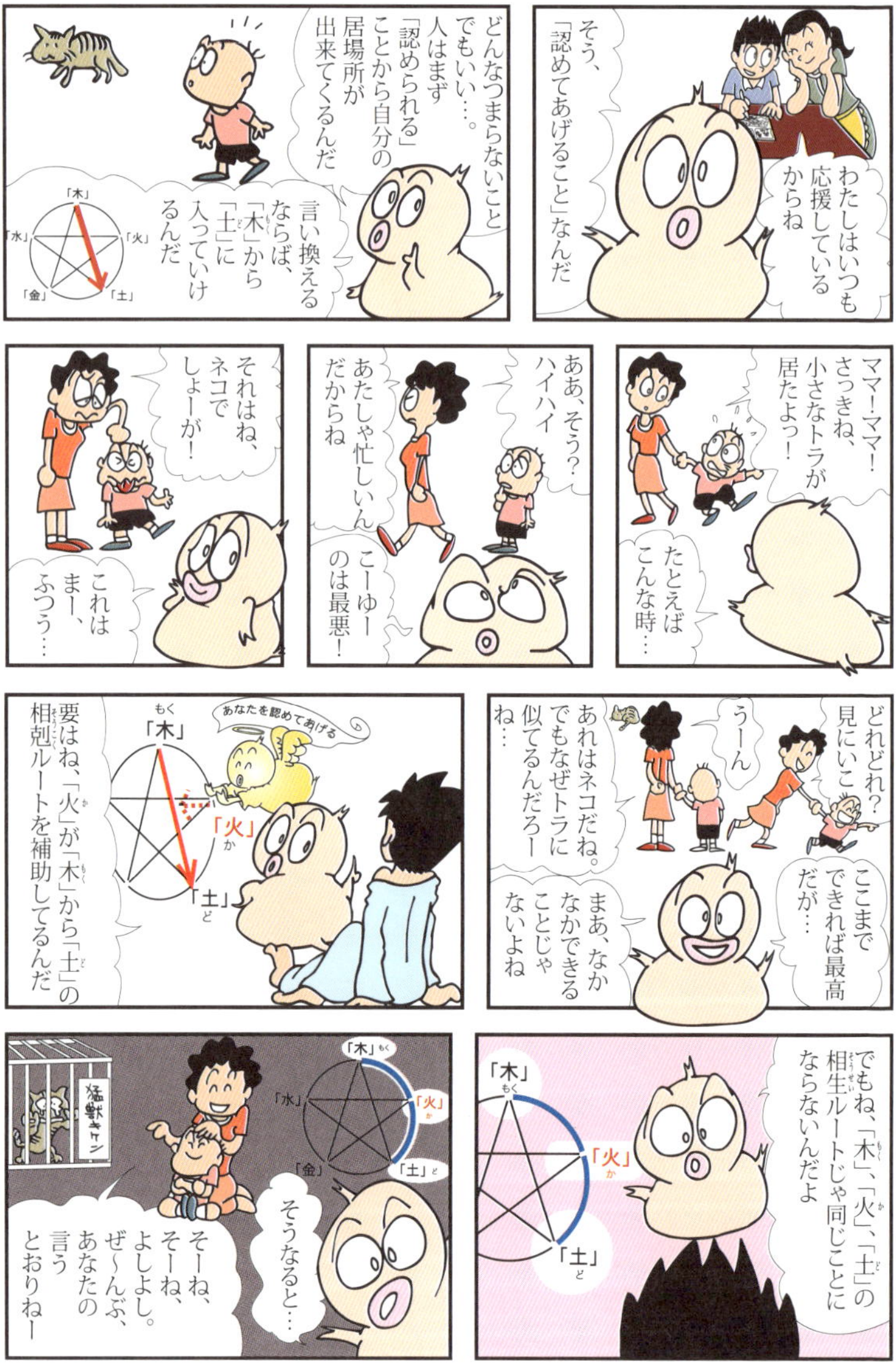


図20　「木」の章　第17話より

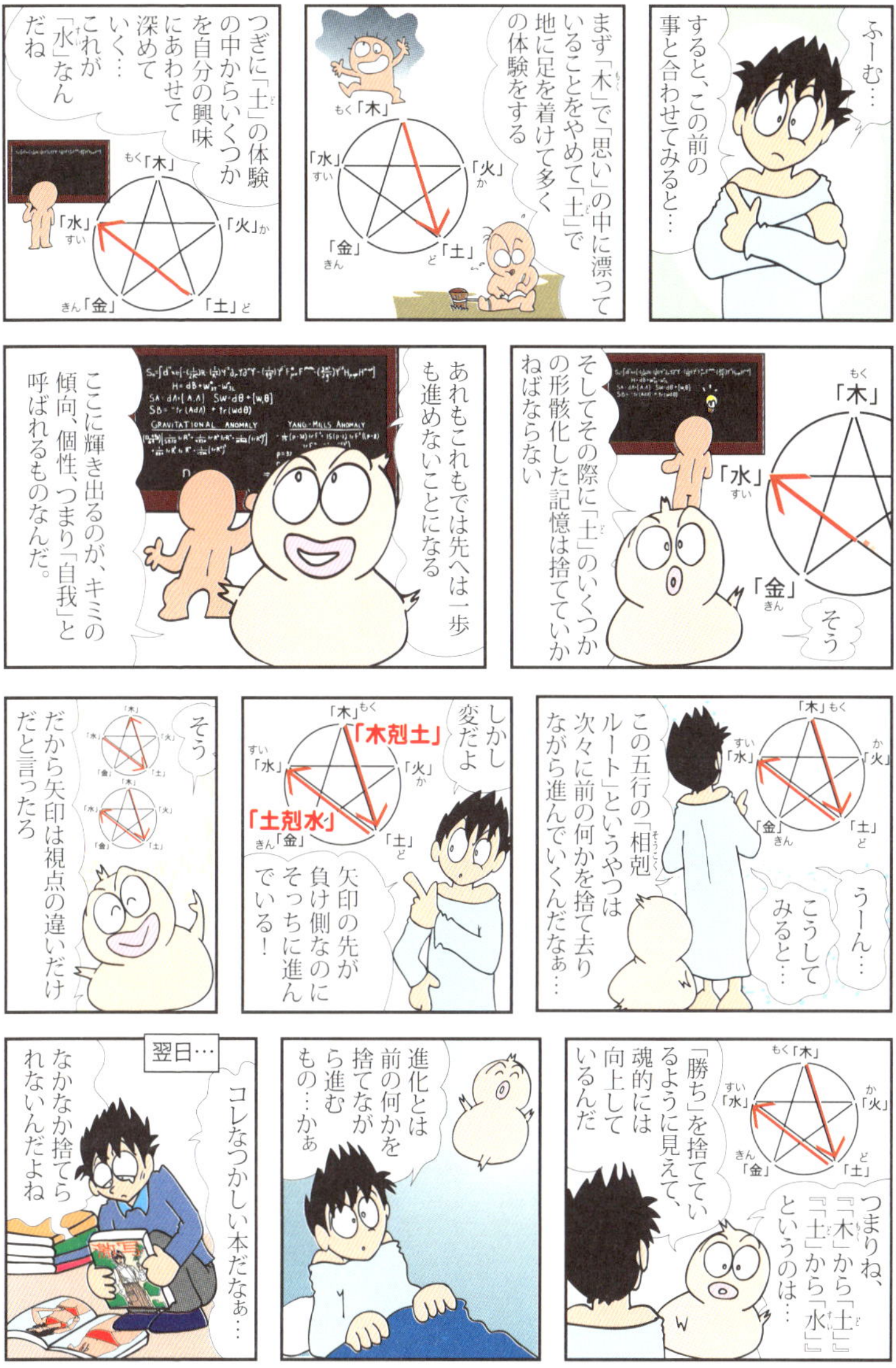

ふーむ…
すると、この前の事と合わせてみると…
まず「木《もく》」で「思い」の中に漂っていることをやめて「土《ど》」で地に足を着けて多くの体験をする
もく「木」
「火」か
「土」ど
「金」きん
「水」すい
つぎに「土《ど》」の体験の中からいくつかを自分の興味にあわせて深めていく…
これが「水《すい》」なんだね
そしてその際に「土《ど》」のいくつかの形骸化した記憶は捨てていかねばならない
そう
あれもこれもでは先へは一歩も進めないことになる
GRAVITATIONAL ANOMALY
YANG-MILLS ANOMALY
ここに輝き出るのが、キミの傾向、個性、つまり「自我」と呼ばれるものなんだ。
うーん…
こうしてみると…
この五行の「相剋《そうこく》ルート」というやつは次々に前の何かを捨て去りながら進んでいくんだなぁ…
しかし変だよ
「木剋土」
「土剋水」
矢印の先が負け側なのにそっちに進んでいる！
そう
だから矢印は視点の違いだけだと言ったろ
つまりね、『「木《もく》」から「土《ど》」』『「土」から「水《すい》」』というのは…
「勝ち」を捨てているように見えて、魂的には向上しているんだ
進化とは前の何かを捨てながら進むもの…かぁ
翌日…
コレなつかしい本だなぁ…
なかなか捨てられないんだよね


図21　「木」の章　第29話より

以上の点をふまえてもう一度さきほどの図19を見てください。認識の変化を追ってみましょう。相剋ルートの所を見てください。「木」は認識の入り口でした。これが「土」で認識したことを理解するための基礎となります。

しかし、この二つは本来なら「木」が「土」に勝ってしまうので、放っておいたら「木」の認識のまま、ひとりよがりの思い込みになりかねません。それをあえて「土」の基礎的なものへと結びつけていかねばならないのです。ここで触媒が関わってきます。「火」です。「火」は愛つまり「木」と「土」を調和させる触媒となるのです。

例をあげるならば、「木」は子供の認識であって「火」はそれを見つめる親の愛であり、「土」は子供が育っていく社会です。たとえば、子が猫を見て「ワンワン」と認識したとしましょう。見つめる親の愛とは「あれは猫でしょ！」と頭ごなしに否定するのではなく、実際にワンとほえる犬を見せることであれは猫という動物であることを知らせることでしょう。こうして子供にとっての基礎的な知識が育っていくのです。しかし親が全く無視していると子供にとっての「ワンワン」は猫のままであり、やがて成長して社会に出て恥をかくことになってしまいます。

ここまでが「木」の入り口が「火」の愛の触媒を受けて「土」で基礎となる所です。

次に「土」での基礎は「金」で純化という触媒を受けて「水」で自分という存在をつかむことになります。たとえば「土」という社会的な常識の中では「ウソはいけないことだ」と教わっています。しかし時によってはウソをつくことが人を救うことだってあるのです。そういうふうに常識をあえて否定することが必要なことだってあるのです。生きているうちには、一般的にはいけないことであっても、この場合は必要だと判断せねばならない状況に出会う事もあるのです。これが「金」の「純化」という触媒的な作用です。何のための純化かと言うと、その人らしさに近づくための純化です。ある人は右に行き、ある人は左に行く…というその判断は結局はその人らしさを作っていくのです。そして出来上がるのが「水」での「自分」というものです。

しかし、この判断とは時にはつらいものです。苦渋の判断という時だってあります。本当なら素知らぬ顔で今までの「土」にとどまっているほうがぜんぜん楽なのです。だから「土」は「水」に勝つ…というのです。しかし魂の成長のために、あえて判断を下すのが「土」から「水」への道というわけなのです。そしてその判断こそは純化という「金」的な触媒なのです。

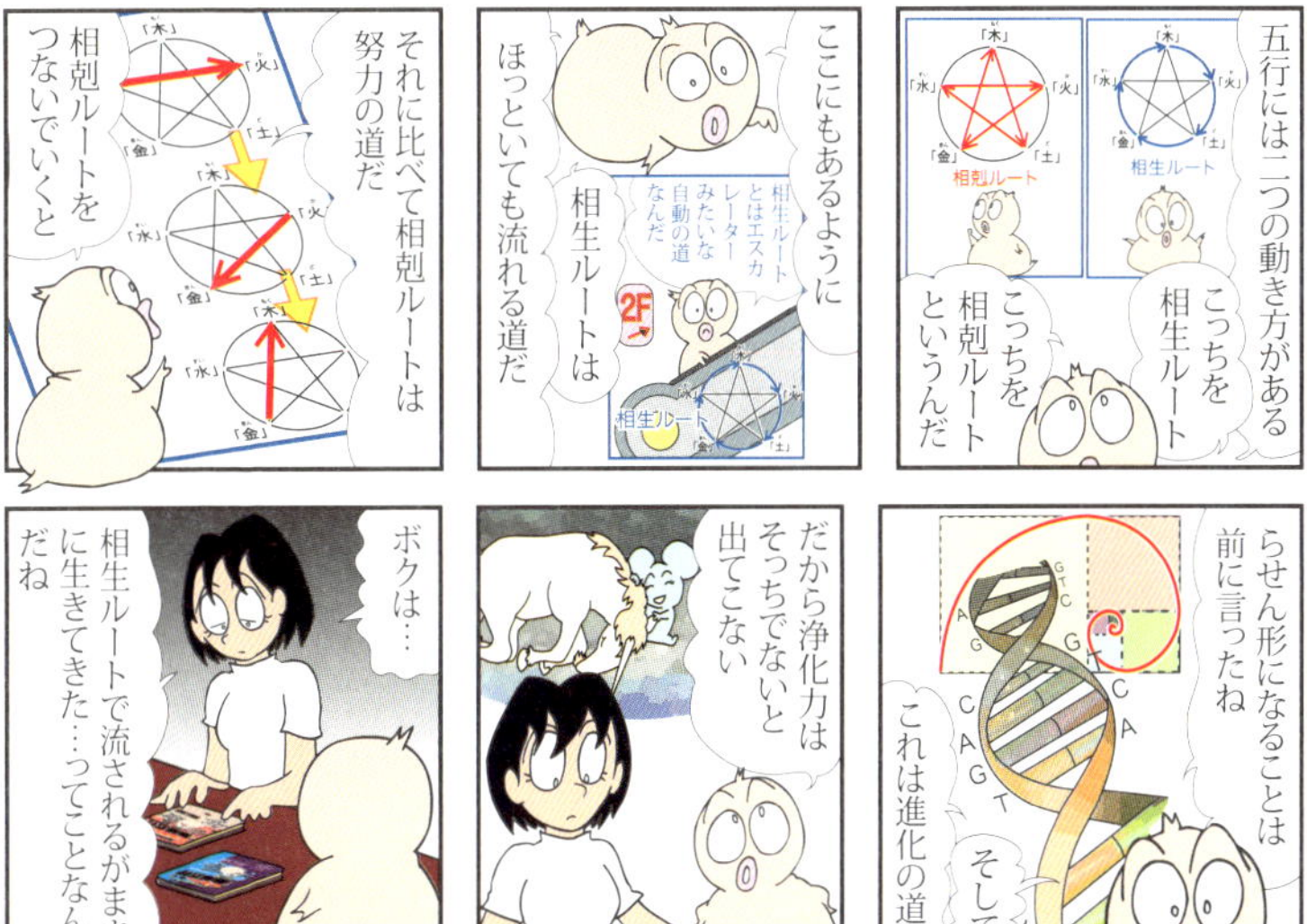


図23 「水」の章.前編 第72話より

これが相剋ルートにおける認識の順番です。ちなみに後半について少々触れるならば、「水」で築いた「自分」は「木」の触媒を受けて「火」で「自己」という「私を超えた私（超自我）」へと成長します。「火」は「土」の触媒を受けて「金」という純結晶に近づいていくのです。

さて、もうひとつの道があります。相生ルートの道です。

これは相剋ルートのような努力はいらない道です。放っておいても流れていくベルトコンベアの道です。例としてわかりやすいのは男女の一般的な恋愛でしょう。放っておいてもくっついていくのは男女の道ということです。

「木」の認識の入り口であなたは彼女をみそめたとしましょう。「火」で心が熱くなり、「土」でゴールイン、家庭という基礎を作ります。しかし時が経つと彼女の気に入らない面が見えてきて「金」で彼女への否定が始まります。こうしてあなたは「水」で「これがオレさ」とひらきなおってしまい、次の「木」という新たな認識の扉をたたくのです。この扉とは離婚を経ての独身生活かもしれないし、愛人との新生活かもしれない。あるいは彼女との関係を修復してのあらたな生活かもしれません。

現実には、一人間としての認識の生活は相生ルートと相剋ルートの両方の道が入り交じっています。しかし、いつの場合でも本当にあなたを磨くのは相剋ルートの道なのです。

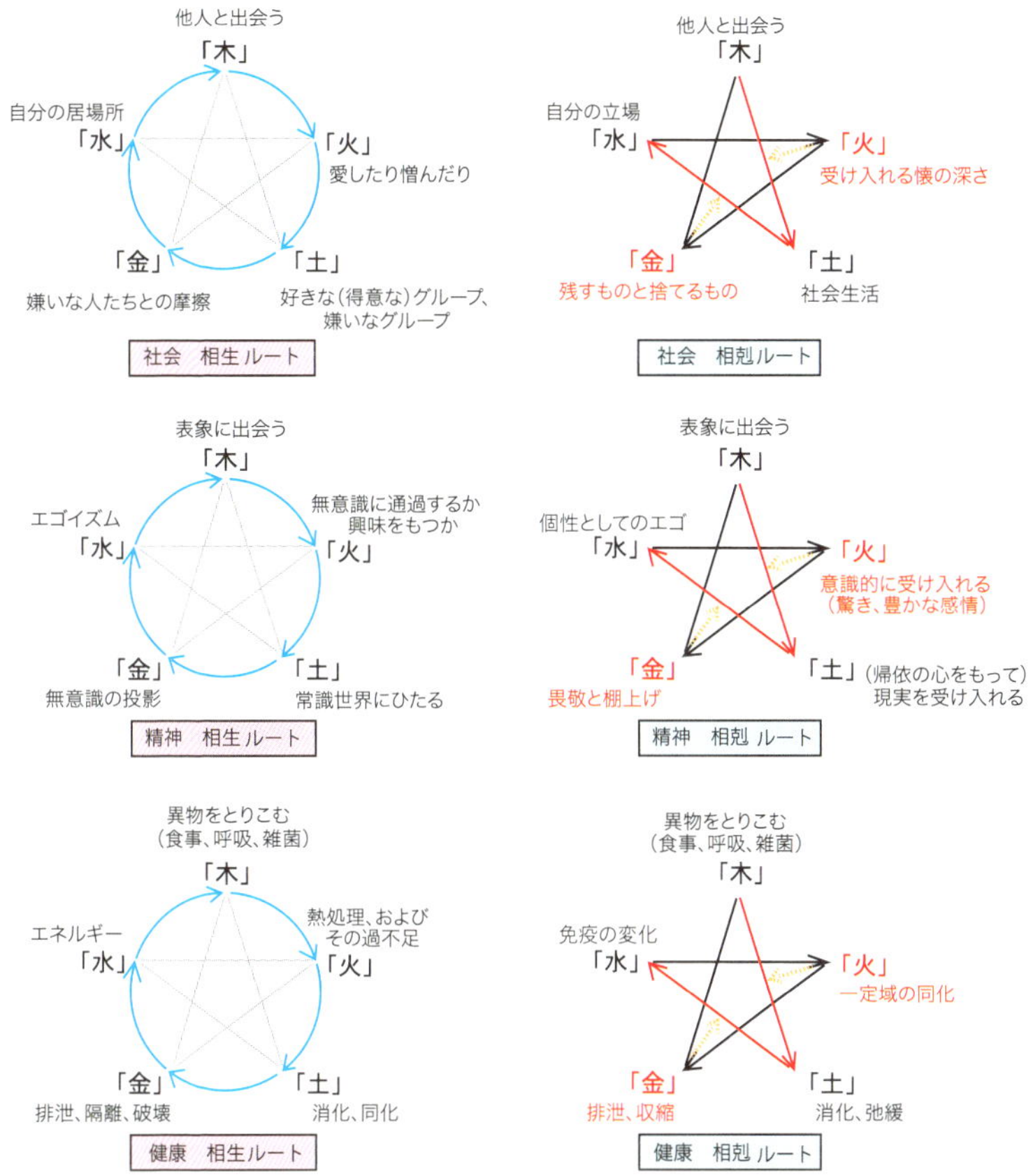

図22

同様にして認識以外での五行の応用も可能です。図22は、個人が社会、精神、健康面で生きていく上での相生ルートと相剋ルートの流れを記したものです。相剋ルートに関しては「火」と「金」が触媒的に働いた場合のもののみが記されています。一見しただけではなかなかわかりにくいかもしれませんが、本稿を読み終わった後にもう一度目を通してみてください。だんだんと雰囲気がつかめてくると思います。

## ⑵歴史と五行

さて、ここまでは個人における相剋ルートと相生ルートの流れについて見てきましたが、時代や地理といった集団に関わる環境においてはどうでしょうか？特に歴史では国という場所と時代という時の要素が関わってきます。ここでは日本国内に話題をしぼって考えてみましょう。時代的な特徴を考慮してまとめていくと次のような関係が見えてきます（図24）。しかし、これはあくまでも私の個人的なまとめ方であり、いろいろな考え方があると思えます。

大きくみて我々は今、「土」という世間的な縛りの強い世界から「水」という個人の意志を重視される世界のはざまに生きています。たとえば、過去には集団的な意志（権力者や多数決の民意）に逆らって生きることは出来ませんでしたが、現在は少しずつできるようになってきています。たとえば昔なら村八分になるような事でも今はわりと自由に言ったりできます。しかし時と場合によっては社会的な制裁を食らうので、まだまだ本格的に個人の自由が保証されているわけではありません。たとえ正当とは思えないような法律や義務（税金など）であっても、逆らうと殺されるところまでいかなくとも罰則を受けるのが現状の世界です（闇に消されることもあるでしょう）。正確に言うと「土」と「水」のはざまだから「金」の時代に居ることになります。

「金」 1250年
BC 2900
BC 1650

「水」 500年

「木」 1250年
BC 1150
木 BC900
火 BC650
土 BC500…神武帝、仏陀、孔子、ゾロアスター誕生
金 BC400
水 BC150
AD 100

「火」 500年
木 150
200 卑弥呼の時代
火 儒教伝来 250
300
土 350
400
金 450
500
水 仏教伝来 550

赤文字… 時代を引っ張る者

「土」 1250年
600 天皇 仏(＝神＝天皇)による中央集権の始まり
木 250年 観念の登場 土地の均等
850 貴族 個人霊(怨霊)にふりまわされる
火 250年 意識の登場
1100 武士(＝民衆) 幕府と朝廷の二面性の始まり
土 250年 現実社会での力 土地の所有
1350 ケガレ 存在の裂傷 下克上
金 250年 枠組みの破壊、存在の自覚 新たな陰陽
1600 自分 混乱が平定されると共に内側に目が行く
水 250年 関係性の上での均衡

「金」 500年
(後「土」) 250年
1850 ペリー来航(1854)
木 旗印としての天皇
1900
火 軍閥 世界大戦の時代
1950
土 サラリーマン 現実での力がマネーパワーの形で出た
2000
金 スター
2050
水 自分
2100
(前「水」) 250年 →

「水」 1250年
2350

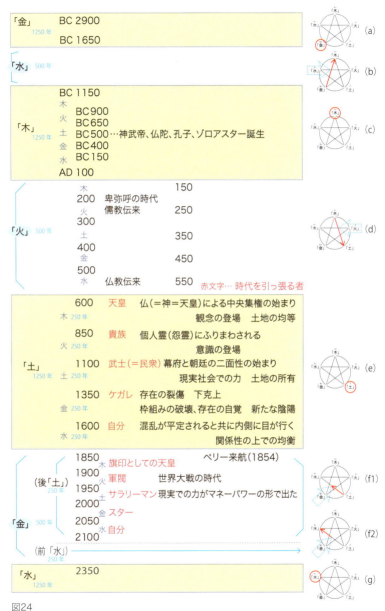

図24

以上のことを念頭に時代を区切っていくと、相剋ルートを中心に考えた場合、ひとつの時代が１２５０年、触媒的な時代が５００年というサイクルで回っているようです。

図24を見ると、６００年から１８５０年までが「土」の時代となっています。学校での日本史などで一番おなじみの時代です。その「土」の中にまた「木」から「水」までの小区分（亜期と呼びましょう）が250年ずつあります。亜期に関しては相生ルート的な動き方しかありません。一巡のみだからです。そしてそれぞれがそれぞれの五行的特徴を表しています。

触媒的な時期に関しては考え方がふたつあって、単に全体の５００年を１００年ずつの亜期と見る方法と５００年をふたつに分けて前後の非触媒期の影響を重たく見る方法とあるのです。たとえば図24では同じ触媒期でも紀元後１００年から６００年の「火」期(d)は単純に１００年ずつの亜期に分けていますね。しかし１８５０年からの「金」期はふたつに分けて前半を前の「土」期の影響が強い時期と見て『後「土」期』(f1)、後半を後に続く「水」期の影響が強いと見て『前「水」期』(f2)と呼んでいます。現実には視点を変えることでいかようにも判断出来るでしょうが、ここでは説明の都合上、そのようにしておきます。

以上のことをふまえた上で図をよく見ていきましょう。

紀元前２９００年の「金」期(a)というのが一番上にありますが、これは一番下に記してある１８５０年からの「金」期(f1)(f2)とは意味あいが違います。前者は１２５０年間の非触媒期（正期）ですが、後者は全部で500年間の触媒期です。しかし紀元前2900年から紀元前1650年の日本に関することなど資料がないので、ここでは割愛します。

そして紀元前1150年から紀元後100年までが1250年間の「木」期(c)となります。これは「木」の性格上、紀元後の600年から始まる「土」期に比べて思想的な意味合いの強い時期と考えられます。この時代の日本に関してはやはりほとんど資料がないのですが、海外を念頭におくと紀元前500年前後にブッダや孔子などの思想家がぞくぞく誕生しています。こうしたところからも思想的な意味合いの強い「木」期を感じてもらえると思います。ただ、前にのべた正当な歴史書とはみなされていない「ホツマ」を念頭におくとなると、紀元前1150年ころは天照大神の誕生の時期に重なってきます。ホツマでは天照大神とは呼ばずに「アマテル」と呼んでいます。人帝第一号とされている神武天皇の生誕時期もホツマによったものです。

さてその後の500年は触媒期としての「火」期(d)です。やはり古事記や日本書紀以外には正当とされる資料の少ない時代です。したがって推測の域をなかなか越えることができません。

しかしどの時期でも始まりには「木」亜期のある事を考えると、時代の始まりは新たなものが入ってくる(認識の入り口)タイミングであるはずです。たとえば後の「土」期の始まりである600年前後には仏教が入ってきたし、「金」期の始まりではペリー率いる異国の介入の時期となります。この「火」期の始まりである紀元後100年前後はというと、神話では正当な天皇家を主張して景行天皇の息子である日本武尊が東の原住民を次々と打ち倒していった時期に相当します。

この「正当性」というところがミソです。正当というからには、正当ではないものがあったはずで、うがった見方をすると後からやってきた移民が天皇家を名乗り、原住民を打ち倒していったとも言えるのです。ただ、こうなると天皇家の血筋うんぬんというややこしい話になるので、あくまでも「異なる者が介入」してきて、「同化」をはかろうとしてきた時代であることは確かであると考えておきましょう。

さて再びホツマによると、この「火」期の始まりである紀元後１００年前後は儒教の伝来期である可能性も出てきます。後に仏教の伝来が蘇我氏と物部氏の確執を生んだように儒教の伝来は相当の内乱を呼んだ可能性がでてきます。エピソードとしておもしろいのは、応神天皇（２７０年〜３１０年）の時代に皇子たちが儒教容認派と反対派に分かれて戦った可能性についてです。そして儒教伝来以前から存在していた日本古来の宗教（天照大神の広めた自然信仰でアメナルミチと言います）は、儒教反対派の速総別《はやふさわけ》皇子によって琵琶湖の西海岸に秘匿されたと言います。それを追った後の仁徳天皇である大雀

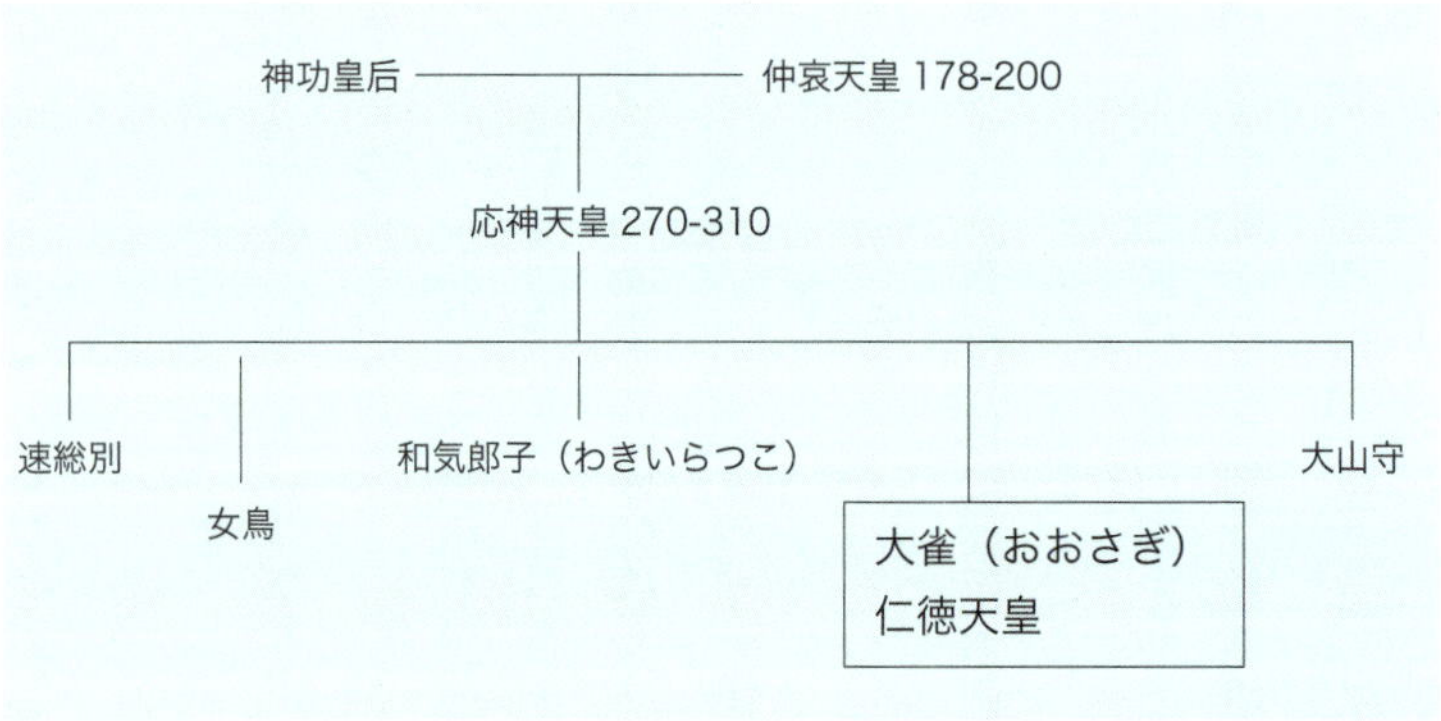
神功皇后
仲哀天皇 178-200
応神天皇 270-310
速総別
女鳥
和気郎子（わきいらつこ）
大雀（おおさぎ）
仁徳天皇
大山守
図25

皇子は速総別皇子を打ち取り、儒教を広めたともされています。（図25）

ここで余談ですが、速総別皇子の逃げた琵琶湖西岸には水尾神社（図（写真）26）があり、ここはかつて天照大神の斎宮として活躍した倭姫とその義弟である磐衝別《いわつくわけ》皇子の本拠地でありました。つまりもともとアメナルミチに関わる土地であって、儒教の伝来とともに日本古来のアメナルミチは琵琶湖西岸で長い眠りについたという事になります。そして最近になって、この地から発見されたのが『ホツマツタヱ』という事です。

ホツマにはその他、気になるエピソードがあります。

奈良時代の遣唐使として有名な吉備真備は引退後、かの地でひたすら研究にふけっていたという記録があるのです。それがホツマであるという記録はないのですが、吉備真備が唐より持ち帰ったという『金烏玉兎集《きんうぎょくとしゅう》』は後の平安時代に陰陽道のテキストとして花ひらきます。中でも有名なのが吉備真備の血をひくともいわれる安倍晴明ですが、彼の陰陽道には単なる陰陽五行ではなく、ホツマ的な五行（イクラムワタ）が入っているように私には思えるのです。そうなると、アメナルミチはホ

図（写真）26　水尾神社

ツマを通して吉備真備、安倍晴明に影響を与えたことになります。なんとも壮大な話になってくるのです。（図27）

さて、「土」の時代が600年前後の仏教伝来時期から始まります(e)。「土」の時代ですから個人の志向などは無視され、ひたすら地の牽引力、つまり「体制」（国家、社会、団体などの仕組み）が優先されます。ここから250年ずつの五行の亜期が相生ルート的に進みますが、内容は図に記した通り、それぞれの五行要素の特徴がそのまま出てきます。

「木」亜期では認識の入り口としての天皇（天皇は神からの命令を伝える存在だった）が中心となります。初期に導入された仏教とはそもそも聖徳太子が人民を掌握する手段として巧みに法的秩序に組み入れられたもので、その後「土」の全時期を通じて日本の社会に根をおろします。

「火」亜期では、時代の中心は天皇から貴族に移り、恋愛や呪術のような形のない「熱気」にうつつをぬかすことになります。

「土」亜期ではまさに底辺にあったものが中心となります。それは武士です。武士とは皇位継承権のない天皇家からの落ちこぼれである源氏や平家が、貴族の荘園を守るために武装した農民集団と合体していった階級であ

## 安倍晴明と金烏玉兎集、ホツマ

遣唐使、阿倍仲麻呂 →金烏玉兎集を入手。安禄山などにはめられて頓死。
子孫が阿倍希名（まれな）
遣唐使、吉備真備 →金烏玉兎集を持ち帰る。道教失脚後は湖西にてホツマ研究。
子孫に賀茂保憲

賀茂保憲の娘の葛子と阿倍希名から安倍晴明は生まれたともいう。
葛子は狐が化けていたとも。
従って晴明の思想には金烏玉兎の陰陽道、
易学（牛頭天王がらみ）とホツマが入っている？

図27

り、まさに社会の底辺にある者たちであったのです。このころから土地に対する人々の欲望も強まり、ついには土地を巡って血で血を洗う世界に入っていきます。このへんにも「土」の特徴がよく出ています。

やがて室町時代になると、武士の中でももっと最下層の農民以下の者（ケガレとも呼ばれます）が武装化した「悪党」が数多く現れ、やがては下克上の食うか食われるかの戦国時代をくりひろげることになります。下克上をそのまま象徴したような存在が豊臣秀吉でしょう。その一方で大衆芸能などの芸術が生まれるのも「金」亜期という事になります。

やがて関ヶ原の戦い以降、徳川家というひとつの武家が「水」亜期全体を通して支配する時代となります。徳川の時代は一応の安定期であり、人々は内側に目を向ける余裕が出てきた時期といえます。それが多くの思想や文芸を通じての「自我」の目覚めというわけです。鎖国政策も日本人が日本そのものに目覚めるきっかけを与えたといえましょう。

そして「金」期となります。これは触媒としての時期ですが、図24のようにここでは後「土」期(f1)と前「水」期(f2)として考えてみます。しかし「金」期である以上、全体を通して以前のような国家や社会の持つ体制の牽引力は徐々に引いて行き、かつての体制への破壊性や空虚さが増していきます。その背後で芸術や精神性の復活、純化も始まる時期となります。

ここでは各亜期は50年ずつとなりますが、そこにもまた五行の各要素の特徴が現れてきます。

「木」亜期では、「土」全期を通じてベースにあった仏教が否定され、天皇を中心とした神道が復活します。しかしここでの神道とはかつて「木」期の日本で信仰されていた「アメナルミチ」とは異なるもので、あくまでも大衆扇動のイデオロギー（空虚な思想）でしかありませんでした。

やがて認識の入り口としての天皇が再び神と同一視され、かつての「土」の時代では天皇の背後にあった貴族にとって替わったのが軍閥でした。「火」亜期ではこの軍閥が世界支配という熱にうなされたように戦火へと導きます。

そして敗戦後の「土」亜期、伸びてきたのがやはり最下層の民衆でした。企業とサラリーマンです。刀をマネーに持ち替え、日本はエコノミックアニマルへと化していったのでした。そして土地の争奪戦とバブル経済となります。

そして「金」亜期。これは2000年から2050年なので、まさに今なのです！

この時代になると時代の牽引力、中心的存在は有名人とスターダムであることが明確になります。スター（芸能人）というのは同じ「金」亜期の室町時代に下克上とともに出てきた「ケガレ」と呼ばれる階層で、当時は河原で芸事を見せるという最下層の階級だったのです。同じ「金」亜期のこのタイミングの今、やはり彼らが時代の主力となります。その背後にあるのがテレビと情報化社会です。単なる話題性とテレビへの露出度が人々にとってのランドマークとなり、同時に彼らの発言権が増してきます。ニュースも政治もすべてテレビショーと化し、短絡的なメッセージの連続がすべてを一刀両断していきます。たとえば、じっくりと時間をかけて考えてこつこつと築き上げてきた人の言葉よりも、華やかな有名人の短絡的な発想に基づく一言のほうが重みを持ってしまうのです。

現在の趨勢《すうせい》の引き金になった2005年の小泉首相ひきいる自民党圧勝の郵政選挙はその典型であると私は思っています。「改革」とか「ぶっつぶす」とか「有名人の立候補」や「女性刺客」とか、こんなに「金」の時代のキーワードを満載した選挙はありませんでした。きわめつけは「民営化賛成か反対か？」という二律背反型の問題提起です。まさに「金」獣である白虎そのものです。

結果は自民党の大勝でした。揚げ句の果てに、自民党内の背いた者を処罰するという「金」の「殺気」まで演じて見せるというおまけ付きです。裏にブレーンがいたかもしれませんが、時代のエネルギーとはすごいものです。この傾向は現在（2016年）さらに顕著になり、この後もやはり「金」の時代らしく、中身は真っ白（空虚）であった事に気づき、内乱へと繋がっていくものと思えます。

そして2050年以降は「水」亜期なので、人々は今よりもう少し内省的になり、中身のある芸術性などが大切にされてくるものと予想されます。ただ「金」期での「水」亜期なので、やはり破壊性や空虚さも目立つものとは思います。

## (3)現在をどう生きるか？

今現在は「金」期の「金」亜期で、非常に「金」の特徴の強く出るタイミングであることは、さきほどの郵政民営化選挙のところでお話ししたのですが、せっかく五行を学んでいるのですから、今現在を時代のエネルギーにただ流されるのみでなく、有効的にどう生きるべきなのかを少し考えてみましょう。

ポイントは相生ルートではなく相剋ルートから行くという事です。確かに時代としては、亜期は相生ルートで行くしかないのですが、個人的には相剋ルート的な生き方をしたいということです。

相剋ルートで行くということは、ただ時代に流される相生ルートのような生き方をするのではなく、「屈服できる相手に対して理解することで自らを変革していく」というような生き方だと言いました。そうなると「金」の時代の持つ「破壊力」は単なる破壊ではなく、排泄すべきものとそうでないものを冷静に理解した上での「純化力」となります。

具体的に言うならば、一番簡単に却下できる相手の意見を取入れて理解することです。

前述の郵政法案のような国家単位の政策を論じるには話が大き過ぎるので、まずは個人的な身の回りの問題をそのように考えてみましょう。

たとえば、あなたが数人程度のスタッフを抱えて何かの仕事をしているとしましょう。決定事項が有るときに、単純に多数決にするとか、ワンマンで決めてしまうのではなく、あえて一番影響力のうすい人の意見を聞いてみるのです。何もその人の言うとおりにせよというのではなく、真剣に受け止めて考えてみるのです。それだけでよいのです。その瞬間、ここに関わる「金」気はすでに殺気の要素を消しています。しかし、そこで決定した事柄が必ずしも他から良い評価を得るかどうかは話が別です。ですが、あなた自身は成長したのです。それがわかるのはだいぶ後になってふりかえってみた時かもしれませんが…。

このことは､実は「未木」(「みぼく」と読みます。私の造語です)対策でとても大切な事になります。いきなりへんてこな言葉が出てきて恐縮ですが、「未木」とは認識の入り口である「木」がクリアーできていない状態を表すのです。つまり「気づかずにおいてきたもの」があることを言います。なぜあえてへんてこな造語を用いたのかというと、今ある言葉ではこのニュアンスを網羅できないという理由と、なにかすでにイメージが張り付いてしまっている言葉では誤解を招く恐れがあったからです。

さて「未木」については、詳しくは次章で述べますが、ここで少しだけ触れておきましょう。

相剋ルートで進むということは常に努力の道であると述べました。言い換えると、「自分の見過ごしがちなもの」にどれだけ向き合えて進めるか？という事でもあります。向き合っていない時は相生ルートから進むことになるのですが、この場合、その認識していない要素が「未木」となって次々に襲いかかってくるのです。また、向き合っている時には相剋ルートから進むことになるので「未木」は発生しません。

本来、相剋ルートで行くべきところを相生ルートで行くことが「未木」の発生する条件なので、襲ってくるのは相剋ルートなら触媒として働く場所、つまり「火」、「金」、そして後半の二巡目にかかる「木」ということになります（正確にはその後の「土」「水」も含みます）。そしてさらに、それぞれのタイミングごとにいろいろな名称で呼ばれることになります。

たとえば「火」のタイミングでは図19の①での「愛」になれなかったものが「くもり」とか「ぬるぬる的なもの」と表現できます。心理学的にはユングの言う「シャドウ」に相当します。19世紀のドイツの哲学者であるシュタイナーはこれを「破壊のるつぼ」と呼びます。日本の民俗学には「つくも神」なんてのもあり、これもまたこのタイミングでの「未木」に一致します。

「金」のタイミングでは、②での「純化」に至れなかったものが破壊神のようなものとして機能します。私はこれを「マイナスゴールド」と呼んでいます。科学的にはフリーラジカルとか活性酸素などもこの一種といえましょう。

また、後半の二巡目にかかる「木」つまり、図19の③における未木ではずばり「恐怖」を指すことになりますが、心理学的には「トリックスター」とか、「エゴのインフレーション」などが相当してきます。

## 5 「未木《みぼく》」について

「未木」とは「木」という認識の入り口を経過はしたものの、認識されなかったものを指すと言いました。そして相生ルートから進む限り、「火」でも「金」でも後半の二巡目の「木」でも問題をひきおこすのがこの「未木」です。

「木」という認識の入り口とは、言うなれば「自分ではないもの」との接点です。つまり異物との接点です。以下、社会と精神、健康と分けて「異物」と「未木」をあげてみたのが図28です。

社会的には「自分ではないもの」とはずばり「他人」ですよね。そしてこれを見過ごすことになる「未木」とは「差別」ということになります。つまり無視したり正当に評価しないことになります。

精神的な「自分ではないもの」とは認識の対象であるもの、つまり「表象」という事になります。そしてこれに対する「未木」とは「無関心」ということです。無意識的に過ごすという言い方も出来るかもしれません。

健康面で言う「自分ではないもの」とは、健康のために外部から取り込んでいるものすべてですが、代表的には食事と呼吸ということになります。また、健康を害するよう

| | 異物との接点 | 「火」の「未木」 | 「金」の「未木」 | 「木」の「未木」 |
|---|---|---|---|---|
| 社会 | 他人 | 差別対象（無視） | 暴力（投影） | |
| 精神 | 表象 | 無関心（心のくもり） | マイナスゴールド | エゴイズム |
| 健康 | 食事、呼吸、細菌 | 未消化、活性酸素、感染 | 精力減退、不定愁訴、活性酸素 | 低体温、免疫疾患 |

図28

な細菌とかウイルスの類いもむろん「自分ではないもの」でしょう。そしてこれが「未木」つまり認識されないとどうなるかというと、未消化物となったり、活性酸素となったり、細菌などの場合はずばり「感染」という事になってしまいます。

もうすこし理解を深めるために、ここでちょっと「火」と「金」と二巡目「木」で「未木」がどのように出てくるのかを幾何学的に概観してみましょう。

すべては「木」の入り口から「自分ではないもの」に触れていくのが五行の道のりでした。そこで、あなたという存在をひとつの円で描くとします。すると、あなたでない異物（表象）は別の円となります。この重なった所が「木」の入り口に相当するのです（図29の※）。ちょっと目をタテにしたような形になりますね。まさに「木」は目という異界との接点なのです。

最初の円を1、表象としての円を2、そしてその重なった所を3とします（図29の※）。

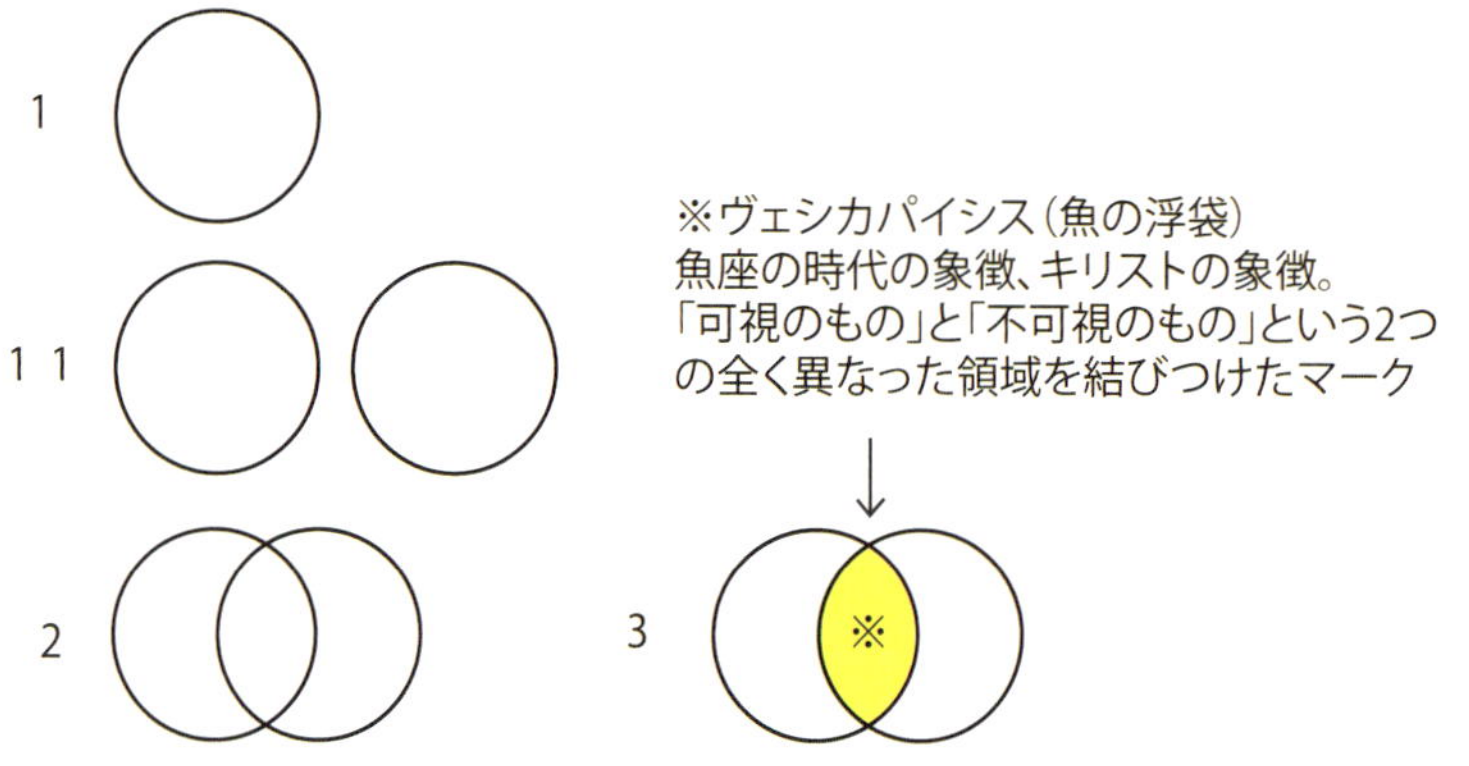
1
1 1
2
3
※ヴェシカパイシス（魚の浮袋）
魚座の時代の象徴、キリストの象徴。
「可視のもの」と「不可視のもの」という2つの全く異なった領域を結びつけたマーク
※

図29

ここから五行の星形をイメージしてください。さっきの円の重なった所が「木」の入り口だったので、五行の星の「木」のところに「3」と記入します。ここから先はどうなるのでしょうか？順番に3、4、5と記入していくわけではありません（図33）。

五行の星形を幾何学的に見ると「黄金比率」の考え方が入っていることが大切になります。これまた後の『8と5』の章で詳しく述べますが、相剋ルートで見ると、ひとつの道のりは触媒の要素が必ず黄金比率（1対1・6）で関わっていくのです。たとえば、「木」と「土」という相剋ルートの道のりに相当する線分は触媒に相当する「火」の線分が黄金比率（1対1・6）で切るのです（図30）。

この比率はレオナルド・ダ・ヴィンチの絵とか建築にもよくでてくる基礎的な比率なのです。

もうひとつ黄金比率がらみで触れておかねばならないものがあります。それは「フィボナッチ数列」と言います。図32のように1・1・2・3・5・8・13…と続く数列ですが、前の数の黄金比率倍（1・6倍）が次の数になるという比率になっています（2×1・6≒3、3×1・6≒5…）。前の数列の合計が次の数になるという特徴があります（1＋2＝3、2＋3＝5…）。

そこで黄金比率を示している五行の星形に、やはり黄

相剋ルートで見ると、ひとつの道のりは触媒の要素が必ず黄金比率（1対1.6）で関わっていく。

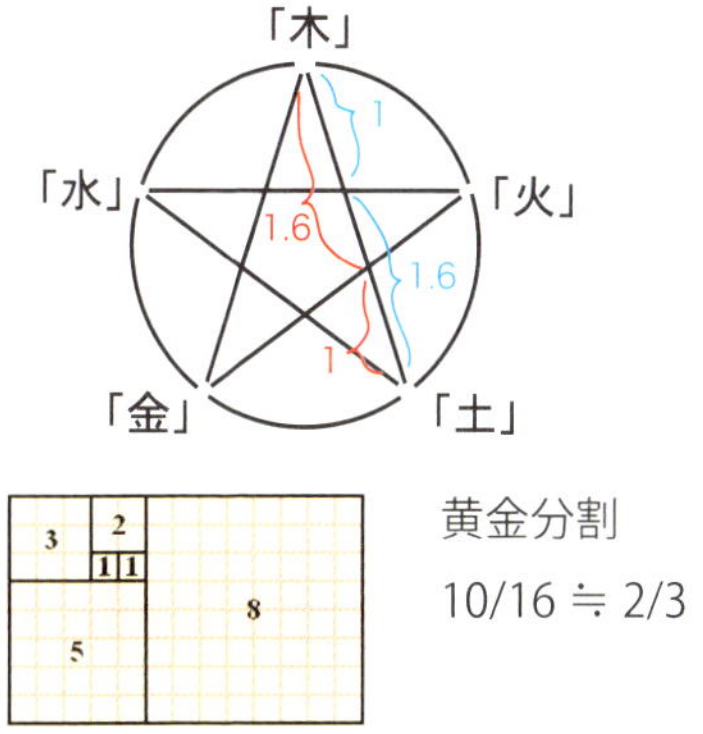


図30

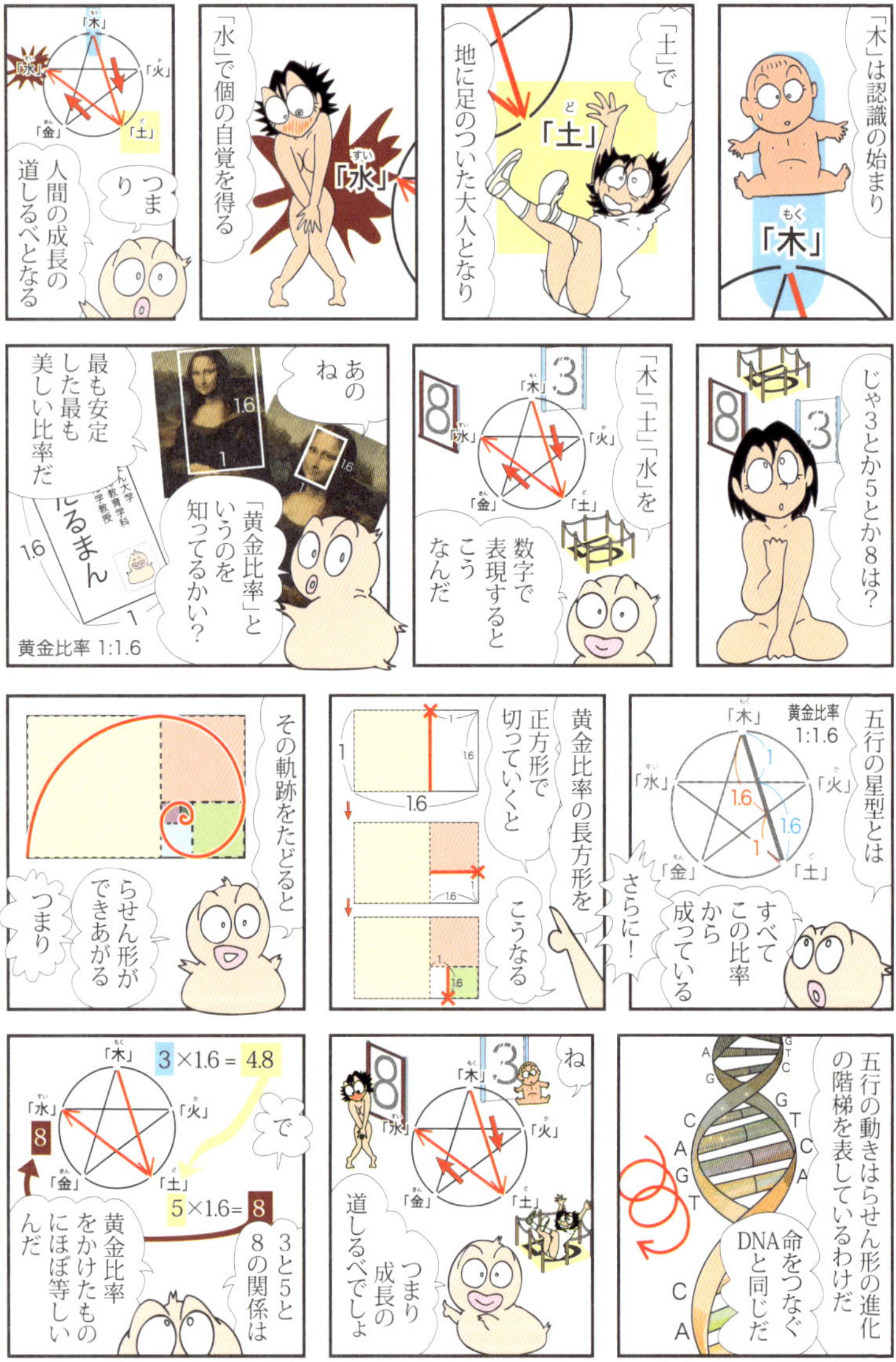


図31「水」の章 前編　第70話より

金比率を表すフィボナッチ数列をあてはめていくことにします。本来の道は相剋ルートなので、「木」、「土」、「水」とあてはめていくことになります（図33）。

「木」＝3

「土」＝5

「水」＝8

そこで触媒はどう関わっているのかを見てみましょう。

たとえば「木」と「土」なら（図33の②）「火」の触媒は「木」と「土」をつなぐ線分を1対1・6で切るのでした。ということは、触媒は「×1・6」の刺激として関わっていると説明できます。「木」が3ならば「火」が×1・6なので、結果は

3×1・6≒5

となり、それが「土」というわけです。

「1つがいの兎は、産まれて1時間で大人になりさらに一時間で子供の兎を産む（兎が死ぬことはない）」という条件のもとで、産まれたばかりの1つがいの兎は1年の間に何つがいの兎になるか？…という数列がフィボナッチ数列である。

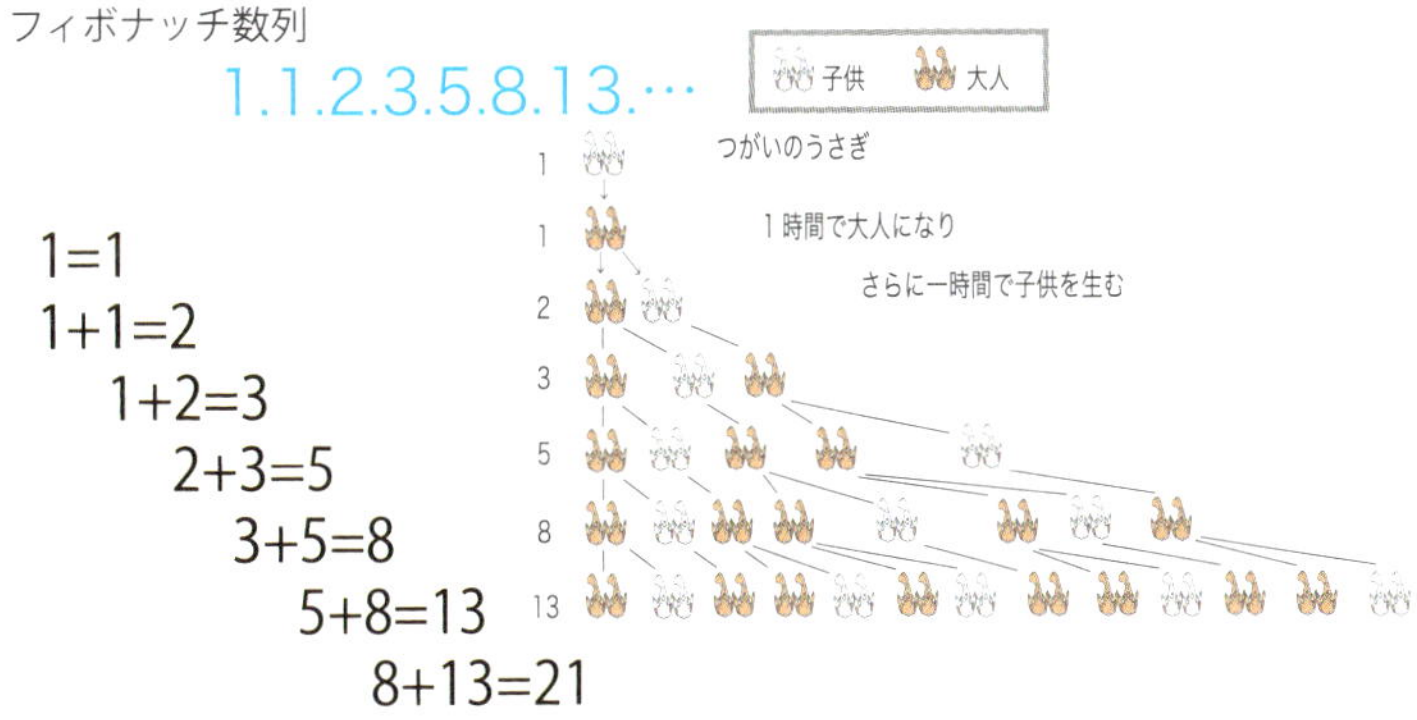
フィボナッチ数列
1.1.2.3.5.8.13.…
子供
大人
つがいのうさぎ
1時間で大人になり
さらに一時間で子供を生む
1
1
2
3
5
8
13
1=1
1+1=2
1+2=3
2+3=5
3+5=8
5+8=13
8+13=21

前の数の黄金比率倍（1.6倍）が次の数になるという比率になっていてます（2×1.6≒3、3×1.6≒5…）。さらには図のように前の数列の合計が次の数になるという特徴があります（1+2=3、2+3=5…）。

図32

相剋ルートで、触媒が「×1・6」の刺激をしているならば、相生ルートの場合はどうでしょうか？

相生ルートの場合は、放っておいても流れる道ですが触媒の場所で「未木」が生じると言いました。数列的には、「未木」は加算や減算で表現できます。「×1・6」の刺激にはなりえないからです。具体的にはこれが「未木」そのものというわけですが、相生

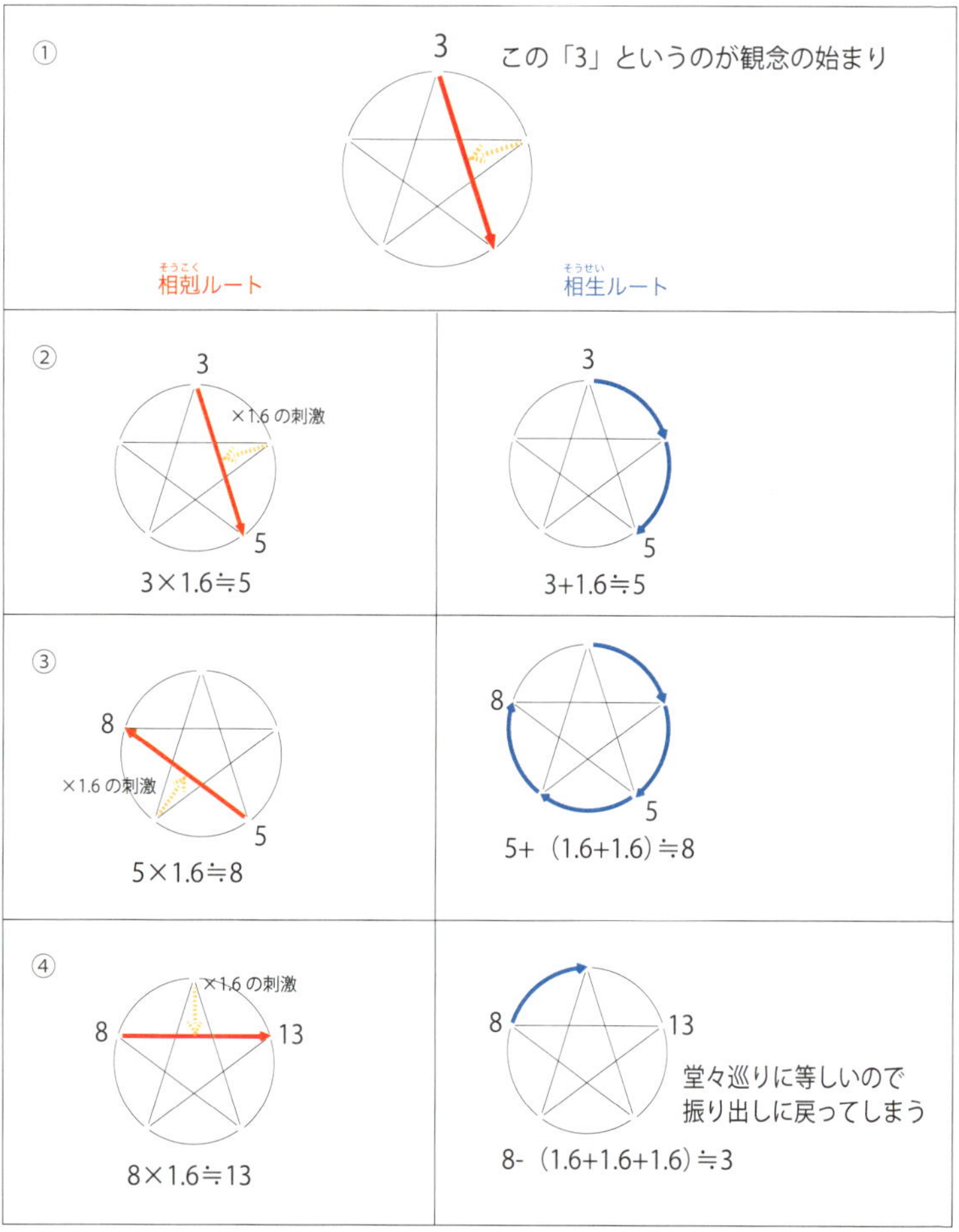


図33

ルートの場合でも「土」で5になる事は同じなので、このことをまずは数列で示してみましょう。
「木」から「土」では「火」の部分は　+1・6　となるので
3+1・6≒5
というわけです。

それでは「土」から「水」はどうでしょうか？（図33の③）
相剋ルートならば「金」の触媒が「×1・6」の刺激となるので次にように「水」の8になります。
5×1・6≒8
それでは相生ルートの場合はどうでしょうか？相生ルートの場合でも「水」の8に至るのですが、ここでは以下のように計算します。
5+（1・6+1・6）≒8
相剋ルートの場合の「金」は「×1・6」の刺激となるのですが、相生ルートの場合では、その前の「火」の部分でも「未木」の宿題を残しているので、ここ「金」でもその部分が付加されることになるのです。
このように「未木」は後になるほどその威力が強くなってきます。「火」の「未木」よりは「金」の「未木」、そして「金」の「未木」よりは後半二巡目「木」の「未木」…というわけです。

そして「水」から「火」はどうでしょうか？（図33の④）

今度は「木」が触媒となって「×1・6」の刺激となります。

8×1・6≒13

したがって「火」は13です。ここはもう二巡目ですね。一巡目では「火」は触媒ではありません。一巡目と二巡目で触媒の位置がずれてくるところが相剋ルートの大切なところです。つまり相剋ルートの進み方とはただの二次元的な円運動ではなく、らせん型に三次元に進むことを意味しているのです。だからこそ、魂にとっての進化の道なのです（図31）。

さて、相生ルートではどうなるでしょうか？相生ルートは魂の進化の道ではないので、らせん形には進めません。あいかわらずの二次元的な円運動です。だから「水」の次に関わってくる「木」は本来は二巡目の「木」なのですが、一巡目の「木」に逆戻りする穴ともなってしまうのです。「木」は最初の入り口でしたが、相生ルートにおける二巡目の「木」とは出口であり入り口ともなってしまうわけです。そこで数列的には逆戻りするという意味で減算となります。

8−（1・6＋1・6＋1・6）≒3

3というのはもともとの「木」の数でした。つまり「水」から「火」には行けずにもとの「木」に戻るということです。ここから一巡目にもどり、同じことを繰り返すわけです。この部分が「未木」の三番目にあたります。三度目の「未木」なので、かなりきついわけです。逆戻りさせられてしまうわけなのですから。

なんとなく、わかってもらえたでしょうか?それではそれぞれについてもう少し詳しく見ていきましょう。

## (1)『「木」と「土」の出会い』と『「火」の「未木」』

すべての認識の入り口は「木」でした。地理的には異国と接する港や空港に相当します。歴史的には、海という異国、外人という異国との接点は常に岬にあったことになります。

この岬というやつをイメージしてみてください。図34は1850年の横浜の姿です。黒船来航(1853)前の横浜です。これが後に日本でも有数の国際的な港町となるということは、みなさんご存じの通りです。注目すべきは岬の形状です。天狗の鼻のように延びていますね?また、図(写真)35は青森県の十三湊《とさみなと》の姿です。同じように天狗の鼻の所に中世には大きな港ができて貿易を行っていました。

このような岬をかつての日本人は異次元との接点と考え、神を祀ったのです。天狗の鼻状の岬の接点には必ずといっていいほど神社がありました。後ほど詳しく述べる猿田彦の神などは天狗のような鼻のイメージと重なりつつ「巷(ちまた・ものごとの境目)」の神と呼ばれるようになりました。さらには、

図34　「火」の章　第130話より

図34 「火」の章 第130話より

異次元からやってくるものは「見慣れず聞きなれないものである」ということからこれを「夷《えびす》」と呼びました。えびすと言うと七福神のひとり、恵比寿さんをイメージするかもしれません。恵比寿さんは大きな魚と釣りざおを持ち、大漁のシンボルとなっていますが、もともとは海という異界との接点の神だからなのです。さらにもうひとつ、恵比寿さんと似たイメージの神に大きな袋を持った大国主の神もご存じだと思います。この大国主さんの息子神と言われる存在に「事代主神」がありますが、この神の別名がエビス神なのです。やはり海に関係が深く、古事記によると、大国主の罪を背負って自らを海に投ずるシーンが出てきます。そして天照大神の両親である伊邪那岐神、伊邪那美神の最初の子であって、未熟児と生まれたがゆえに海に流された「ヒヨルコ（ひるこ）」がその前身であるとも言われます。やっぱり「異界」との接点のにおいがぷんぷんする神様ですね。この神も重要な存在なので、後ほど詳述する予定です。

もともと「夷《えびす》」とは「見慣れず聞きなれないもの」であると言いました（図37）。たとえば、四角であるのに角を四角にしない紙を「えびす紙」と呼んだり、クジラとかイルカ、サメのような一見魚らし

図（写真）35　中央公論新社『〈日本の中世1〉中世のかたち』（石川進著）P.53より

図36　「火」の章　第103話より

からぬ魚を「えびす」と呼んだり、本来外用なのに内服もする芍薬のような薬をえびす薬とも呼びました。その「えびす」はやがて、「見慣れず聞きなれないもの」であるがゆえに、いつの間にか差別の対象となり、蔑称となっていきました。西の天皇家では東の原住民をエビスと呼んでバカにしてたびたび制圧の対象としました。制圧のために派遣される将軍は征夷大将軍と言います。「征夷」つまり夷を征服する将軍というわけです。鎌倉幕府を開いた源頼朝以降、武士の最高位は征夷大将軍です。しかし西の天皇家にとっては関東の武士は「東夷《あずまえびす》」でやはりバカにされていたわけです。東北に居る天皇家にまつろわぬ原住民ども（えびす）を制圧する「えびす」こそが関東武士であったわけです。「まつろわぬ」えびすの本拠地としては東北と出雲があげられるのですが、これも大切なポイントなので後ほど章を変えて説明します。

夷《えびす》の意味＝見慣れず聞きなれないものを指す
例　四角であるべきを四角にしない紙→えびす紙
　　元来外用である芍薬を内服→えびす薬
　　腹直筋の緊張を取る→瘀血《おけつ》三薬
　　クジラ、サメ、イルカ→えびす（魚らしからぬ魚）

図37

図38　「木」の章　第6話より

さていろいろとえびすについて述べてきましたが、この異界との接点こそは五行の「木」なのです。「木」で入ってきた「見慣れず聞きなれないもの」は「火」の「受け入れる愛」の触媒を受けて「土」で知識や常識として育まれ、仲間に受け入れられていくのです。これが相剋ルートの道から行く「木」と「土」の出会いです。相生ルートで行くとどうなるでしょうか？前に見た図を思い出してください。社会的には異物とは「他人」でした。しかしこれが「未木」になって「差別」となると説明しました。えびすとして蔑視されてきた人々はこの「未木」にあたるわけです。

精神的にはどうでしょうか？異物とは表象です。精神現象を肉体に当てはめてみるならば、表象を受け入れるのは脳の視床と言われています。本能を司る古い脳と合理的な思考を行う新しい脳の境にあるフィルターと言われています。ここがちょうど入り口となり、「木」に相当します。

地理的には「木」の入り口を岬で説明しましたが、精神的には認識の鏡のようなものがあるとイメージしてもらえるとわかりやすいかもしれません。あなたの目の前には認識の鏡（「思いの鏡」と呼びます）があって、その向こうに知覚している表象が映るのです。しかしこの鏡には特徴があって、ハーフミラーのようになっているのです。つまり表象をとらえる時には常に自分も認識しているのです。だから映っている表象が自分以外のものであるということがよくわかるのです。

図38では赤ちゃんが「思いの鏡」の前にあって、鏡には自分の姿と鏡の向こうにある鉛筆を見ていますね。鉛筆は彼にとって初めて見る表象です。こうして彼は自分と自分とは違うもの（鉛筆）を認識す

るのです。常に自分と比較できるから自分でないものを認識できるのです。

たとえば免疫の機構でも常に細胞は自分のマークを認識しつつ異物を発見する事になっています。（図39）さきほどの図29で言えば、一番目の自分を表す円と二番目の自分でないものを表す円の重なっている部分（ヴェシカパイシス）がこの認識です。

この認識内容が「火」での触媒を受けて「土」で彼の自覚とか知識になっていくのです。

しかし相生ルートの場合は「火」は触媒になりません。「未木」と化してしまいます。今の赤ん坊の例で言えば、せっかく鉛筆という新たな表象に出会ったのですが、いっさい関心を持たずに通り過ぎるようなものです。こういう「未木」は無関心の結果、生じるという事がわかります。

健康や肉体生理面ではどうでしょうか？自分と自分でないものの出会いとは食事や呼吸、その他細菌などと説明しました。たとえば食べ物であるなら口から食道に入って胃に行き、そこで分解されてから消化吸収されますね。この分解とか消化とかいう作業そのものが「火」の触媒にあたります。この場合、「火」とは火のような熱を持った生命エネルギーと説明できます。また、呼吸ならば、肺に入って血液を通じてガス交換を行いますね。しかしガス交換するためのエネルギーが背後には必要です。これが「火」と言えます。

もし「火」がこのような形で関わってくれないとどうなるでしょうか？食べ物は未消化となり、呼吸は浅く荒くなっていきます。つまり不健康になるのです。

自分でないものが細菌の場合はどうでしょうか？この場合、「火」の触媒とは免疫機構です。免疫が関わらないと平気で細菌は体内に入り込み、さらに感染症状を起こすでしょう。

入り込んだ細菌（異物）はまず、マクロファージという白血球系の捕食運動をする細胞によって取り込まれます。貪食細胞とも呼ばれるこの細胞は、異物を取り込み、細胞内の酵素で分解します。大切なことは、分解の途中で出来た異物の断片が、しばしばマクロファージの表面にもう一度出てくることなのです（図39）。しかしマクロファージの表面には、もともとＭＨＣ抗原（組織適合抗原）という自分のマークがあるので、ここでは自分と自分でないものがはっきりと表面に浮かび上がることがわかります。さきほどの「思いの鏡」の話とそっくりであることがわかると思います。ここでＴ細胞という免疫細胞が異物を認識して抗体の生成にかかるの

もうひとつの自己、それは私たちの体を形作る 60 兆細胞のほとんど表面のすべてに現れている「自己のマーク」である。タンパク質でできたこのマークを MHC 抗原（主要組織適合抗原）と呼ぶ。ひとりの人間の体を形づくる膨大な数の細胞のひとつひとつの表面にその人の細胞であることを示す共通のマークが刻印されていると考えていただきたい。体内の「ミクロの戦士」の司令官はこのマークを目印として「自己」と「非自己」を見分け、「非自己」に対してのみ攻撃の司令を発するのだ。
『驚異の小宇宙．人体６　生命を守る』NHK 取材班．編より

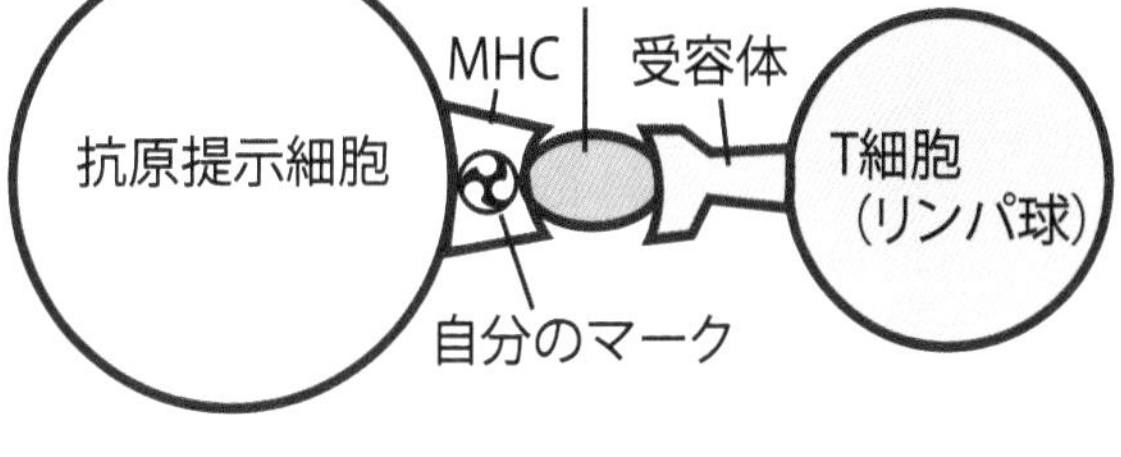


図39

ですが、この部分が「火」の触媒という事になります。T細胞が異物を無視したなら、感染は進んでしまうのです。

記憶のメカニズムもこれによく似ています。目や耳を伝って入ってきた表象は「自分ではないもの」なのでいわば異物です。表象はいったんバラバラのパズル状にされて脳の「海馬」を通過することで記憶となると言われています。バラバラにされるというところはまるでマクロファージの貪食作用のようです。海馬はこのパズルをつなぎ合わせる鍵をもっているようなものなのです。鍵が紛失されると記憶を失います。逆に残りやすい記憶とは感情を伴う場合です(図40)。うれしいとか悲しいなど感情を伴ったことは記憶に残りやすいことは経験上、よくあることと思います。たとえば青春のある時期によく聴いた音楽に再び触れる時、その青春時代の忘れていたような感覚を生き生きと思い出すような経験をしたことはありませんか?この場合、記憶の鍵とは「土」で、感情とは「火」です。したがって、「木」の入り口から入ってきた記憶は感情(「火」)の触媒を受けて記憶(「土」)となる…と言えるのです。

したがって、この場合の「未木」も「火」の関わり方が影響していることがよくわかると思います。

以上のように「木」から「土」の過程とは、初めてふれる「自分と異なるもの」をどう受け入れていくかの過程なのです。受け入れるには「火」の触媒が必要です。この過程がうまくいかないと「未木」となってしまうのです。

図40　「木」の章　第28話より

図41　「東洋医学」の章　第180話より

子供が世界に初めて触れていくには親の見守る愛が必要です。その結果、子供は社会に適応して成長していくのです。こういった過程が「木」から「土」というわけなのです。

言い換えると、「木」から「土」とは不明確なものを現実的に理解できる明確なものへと変えていく過程といえます。現実的に明確にするとは、区切って棚にしまって整理していくことでもあります。だから「土」とは区切ることでもあると言えるのです。社会的に生活するということは土地を区切って住まい、名前という名称を付けて自分を他人と区切って、諸事雑多を区切りつつ仕事をしていくことでもあります。消化や免疫、記憶でものごとをいったんバラバラにしていったことと一致するのです。だから触媒としての「火」とは区切っていく過程で「それでいいんだよ」と背後から見つめ応援してくれる存在、エネルギーと言えるのです。

神話の世界でもバラバラにされる神様という話がよく出てきます。ギリシャの神ディオニソスは父ゼウスの愛人の子でしたが、本妻のヘラによってバラバラにされてしまいます。ペルシャの神であるアフラ・マズダーは悪魔アーリマンによって、エジプトの神オシリスは弟セトの嫉妬からバラバラにされるのです。日本神話の須佐之男命はバラバラにこそされませんが、髪や爪を切り取られてずたずたな状態で地上に追いやられてしまいます。考えてみると、こういった話は「木」から「土」、つまり神の世界が地上に根づく過程とも言えるのです。現に、これらの神々は必ずこの後に立派な復活を果たすのです。

さて、この過程での「未木」ですが、差別や無関心、不健康などの形で現れると説明しました。これをひとつのキーワードにすると「くもり」となるのです（図19）。

「木」から「土」とは形をつけて明確にしていく事であると言いました。「未木」とは、これがうまく行っていないのだから、形のあるようなないような、もやもやしたものになるのです。

天気で言えば、「火」という太陽の熱が不十分で、空もどんよりとして地面も乾かずにぬかるんでいるような状態です。だから「ぬるぬる」とも表現できるのです。

神秘学者のシュタイナーが「破壊のるつぼ」と呼んだのも、この結果に近いと私は考えています。人間が観念的に成長する際に、通り抜けねばならない「アリジゴク」のようなものです。ただのアリジゴクではなく、表面がぬるぬるしているのだからなかなか抜け出ることができないわけです。抜け出る方法はただ一つ、「見てこなかったもの」に気づくことなのです。それに気づくことが「火」の触媒力を復活させ、ぬるぬるが乾いてくるのです。「見てこなかったもの」と言えば心理学者のユングが指摘した「無意識」、なかでも「シャドウ」です。これはまさに自分の気づいていない「影」です。同じくこれに気づくことが成長の証となるのです。

このような「未木」が生じなくするためには相剋ルートの道を歩む努力をすることです。言い換えると、「気づくべきことには気づく」「すべてをまず受け入れてかかれ」ということです。ヒトが「木」の入り口に立った時、出会うものはすべてが「異物」なのです。まず受け入れないことには処理の仕方すらわからないという事なのです。

しかし、前言をひるがえすようですが、はじめから害のある異物だとわかっている場合はシャットアウトすべきである事も事実です。たとえば、はじめから詐欺師であるとわかっている人の言葉を真面目に聞く必要は、当然ありません。ただそれほど明確な事は少ないですね（余談ですが、詐欺師ははじめの80％で本当の事を言っておいて残りの20％でウソをつくそうです）。

ただし、人体にはこのシステムがちゃんとそろっています。この場合はあえて「未木」的につらぬいて、はじめから相手にワンクッション置いて接するやり方です。一例をあげるならば、「粘膜」です。胃や腸、口、目、性器などの部分です。接する相手によって、明確に異物ならシャットアウトするシステムです。「未木」的な態度を取るということは、「くもり」のように「ぬるぬる」するということです。粘膜の表面とは、必要時には「くもり」のように水分を含んでぬるぬるしてますよね。

たとえば食物が胃に入るのに、素材のすべてに体がいちいち意識的に反応していたら身が持ちません。素材には栄養だけでなく刺激や毒性もあるのです。体は我々の知らぬうちにこれらを処理せねばならないのです。目の場合でも見るだけの作用ではありません。ゴミだってはいってくるのだから、それをシャットアウトして目の作用の邪魔にならないようにせねばなりません。性器の場合は一番問題です。もしぬるぬるしてなかったらセックスとは摩擦熱の地獄になってしまいます。ぬるぬるしてるからこそ、よけいなことに気づかずに自分だけの快感に没頭できるのです。

ちょっと変わったところで、最後にオーブの話をしておきましょう。オーブというのは、よく写真に写る正体不明の霊体？のことです。図（写真）42を見てください。中央にうっすらとした水滴のようなものが見えますね。次に図（写真）43をみてください。これは雨の水滴が写ったものです。どちらもよく似てるのがわかると思います。しかし図（写真）42は屋内なので、雨が降っているわけはないのです。オー

図（写真）42

ブが何ものなのか、いまだに結論は出ていませんが、霊体ではないかという説が有力です。霊体とはいっても、いろいろなものが有るでしょうが、まだ完全にあの世に行っていない霊体も、そのひとつであると私は思っています。この世の者ではないが、まだあの世に完全に次元変換していない過渡的な存在ということです。それが雨もないのに水滴のように見えるというのはどういうことでしょうか？つまり、水を含んでいる空気だから「くもり」という事なのです。あの世に完全移動していない（まだあの世を完全に受け入れていない）ということはまだ「火」の助力を完全に受けていないということです。「火」とはこの場合、あの世への移動力というか、神的なものと見てよいでしょう。

後述しますが、「水は火に出会って光となる」のです。光になるということは次元転換のことで、この場合はあの世に行くということです（死んでいなくとも魂的な成長として次元転換はありえますが、これは「水」から「火」の過程で説明します）。

この場合も、粘膜同様、必要なワンクッションと言えるのかもしれません。霊があると仮定するならば、この世からあの世への移動とはものすごい環境の変化にほかならないのですから。

図（写真）43

## ⑵『「土」と「水」の出会い』と『「金」の「未木」』

「土」から「水」とは、「土」で培った常識とか知識、地に足のついたスタンスをもって、そこから自分ならこれだ！という自我（「水」）を育てる過程です。相剋ルートの道の場合、ここで触媒として関わってくるのは「金」で、「土」で得た常識の一部を捨て去る働きをします。「水」という自我の確立にとって、「土」での常識とは邪魔になる部分もあるのです。たとえばガリレオが「土」のままに世間の常識にしたがっていたならば、地動説は言い出せなかったでしょう。

人体でいえば、食事や呼吸で得た栄養や水分やガス交換のカスを排泄するのも「金」の役割です（人体では「金」は大腸や肺の象徴でした）。

視点を変えてみるならば、「金」で排泄するからこそ、「水」の自我があるのだとも言えるのです。きたない話で恐縮ですが、ウンチを捨てるというのはウーンという抵抗がありますよね。あそこが大切なのです。その抵抗感が自我を育てるのです（図44）。たとえば、神社にある仁王像の「アウン」というのは、その現れです。神の御前にて自らの汚れを知って捨て去るべし！と脅しているのです。

他に、季節で言えば「金」は秋です。春、夏と続いて成長してきた果実はここでポトンと捨て去られます。それが我々にとっての実りとなることはご推察のとおりです。気温も急激に冷えていきますね。

相生ルートの道の場合はどうでしょうか？「金」の「未木」によってキモまで冷やされる思いをする

図44 「土」の章 第34話より

図45　「土」の章　第53話より

ことになるのです。「金」の「未木」とは、「木」から「土」までの「未木」の合算になります。社会的には人間関係の摩擦が起きますし、健康的には組織や細胞が破壊されます。精神的には、攻撃的な人格を作っていきます。この場合、心理学的には「投影」と言われているものにそっくりです。襲いかかってくる「未木」は、本来は自分の由来であるにもかかわらず、その人はすべてを「人のせい」と他人に投影して、臨戦、攻撃態勢に入るのです(図45)。こういう人格とか態度、起きる障害を私は「マイナスゴールド」と呼びます。ここで、「土」と「水」がつながる前の、「土」と「金」の関係についてもう少し詳しく考えてみましょう。

「金」と「土」の遭遇とは、天気で言えば、暖まって上昇した地面の気（地の気、「土」）が上空（天の気、「金」）で冷やされて雨になる事であるし、肉体で言えば消化された食物（地の気、「土」）が呼吸による外気（天の気、「金」）に触れて宋気になることでありました。そしてさらに、これは人間的な成長においても言えるし、人間関係においても言えるのです。

まずは人間的な成長において見てみましょう。「金」と「土」が遭遇する過程とは、学校を卒業して社会人としての仕事をしていく段階と言えます。かつて「NEET（ニート）」（Not in Education, Employment, or Training）という言葉がはやりましたが、「進学も就職もするでもなく、社会の手前で立ち止まっている人」を言いました。五行的に言うと、まさに「金」と「土」の遭遇が出来ずにいる人を言うことになります。

「土」は言い換えるならば学生時代でもあり、土《つち》の中の種のように親の庇護下にある状態です。いいこともあるが悪いこともあり、清濁あわせ飲んで見守られている状態です。ところが時期が来て、自分はどれを取るのか自己責任において決断しなければいけない時が来ます。これが「金」です。

この決断のきびしいところは、あくまでも自己責任だと言うことです。なにが自分に本当に向いているのか、もし天職というものがあるならば、なにがそうなのか、本当のところは他人はもちろん、自分にだって決してこの段階ではわからないのです。しかしここで恐れずに決断しなくてはならないのです。「金」とは「聖と邪」を分けることだと言いましたが、実は自己責任においての分断なのです。「邪なるもの」を「聖」として選び取ってしまう事だってありうるのです。しかも何年もたって中年過ぎになってからその決断の誤りに気づくことだってありうるのです。それだけにシビアーだということです。

「金」と「土」が遭遇した結果、どうなるのかと言うと天気では雨になったし、肉体では「元気」という腎臓の気になりました。雨も腎臓も「水」です。そこで、この場合でも「金」で決断した事で生じるのは「水」です。この場合の「水」とは自我とか個性を指します。

つまり、「土」の社会的には保護されつつ、誰かの庇護下にあった状況から「金」の責任感を通じて脱皮し、自らの個性を作り上げていくわけです。これが相生ルートで築かれた「マイナスゴールド」を取り除くための相剋ルートの正しい「金」気のあり方なのです。

だから本当はニートの人は気づかねばなりません。決まった道があるのではなく、自分が決めた所に個性が生まれて道が生じるという事を。とにかく進んでいかねばなりません。止まった時、その人は再び「土」に飲み込まれてしまいます。そして「土」の同化作用によって腐ってしまうのです。つまり、廃人になってしまうということです。

このことを社会に置き換えて考えてみましょう。社会といえど、一人ひとりの人間と同じように常に動いていきます。「土」の局面、「金」の局面、「水」の局面…というように変化していくのです。すでにある社会とは「土」です。それを打破し、変革しようとする動きは「金」です。「結果として生じる世界は「水」となります。哲学者のヘーゲルはそれを正、反、合という「弁証法的発展」で説明しました。

まず、どんな世の中にも現状を崩したくない人が居ます。硬直化した社会ほど利権を手にしてそれを手放すまいと必死になる人が居るのです。五行で言うならば、そういう人はずーっと相生ルートのまま今の「土」の中に居たいのです。そのためには相剋ルートで遭遇する「金」をなんとか防がねばなりません。過去の日本で言うならば、ここに使われたのが「陰陽道」です。

陰陽道は主として支配者階級に独占された秘密の学問でした。それも当然のことです。既得権を一番失いたくないのは支配者階級たる貴族社会なのですから。そこで具体的にどうやったかですが、少々例をあげてみましょう。

①典型的なのが『金神忌《こんじんき》』です。「金」の変革力を恐るべき神の力と感じた結果、これを「金気七殺の祟り」ととらえ、その方位を犯す時は家族七人と隣人に災いが及ぶと考えられました。もとは白河上皇が始めたといいますが、鎌倉時代以降に広く行われたそうです。

中国でも『漢書』の中で金星（太白ともいう）を凶兆とし、これが天を経る時を恐れたと言います。このあたりからすでに「金」の力を見てとれます。

大正時代には大本教の出口王仁三郎が「うしとらの金神」と言う名で称えたのも同様でしょう。ちなみに「うしとら」とは十二支の丑と寅で、方位に換算すると北東つまり鬼門を指しています。

②『物忌《ものいみ》』はわりと有名です。一定の期間、外部との接触を断つことで清浄な身となる目的を言いました。これは、プチリタイアをすることでものごとの歩みを遅らせ、そのぶん「金」の力をそぐ目的があったので

図46　「火」の章　第101話より

す。いつの間にか、これで清浄になれると誤解されたのですがそれは勝手な言い訳で、前述のように表は清浄な顔をしていても心の裏にある汚れを無自覚で過ごすのは相剋ルートの「金」が許さないのです。

③『方違え《かたたが》』。いったん別の方向へ進んで夜を明かし、翌日目的の場所に出かけるものです。これを歩き方で行うのが『禹歩《うほ》』で、一般動作で行うのが『返閇《へんばい》』です。いずれも②同様、ものごとのスピードを下げることで「金」の裁きを避けようとしたものです。『方違え』の手法が十干、十二支、易と結びついてさまざまな方位の考え方も生まれています。（図46）

④『鬼門封じ』は前にも少し述べました。平安時代の京の都に対する比叡山延暦寺は鬼門封じの典型ですが、江戸時代になって、江戸城の北東の方角に東叡山寛永寺を建立したのも同様の目的とされます。また現在でもこの方角に便所や浴室を設けることは避けられ、稲荷などを祀ることも行われているようです。

しかし、ちょっと待ってください。鬼門と裏鬼門（図14）は「土」の象徴でした。怖いのは「土」ではなくて「金」のはずです。なぜ「土」を封じる必要があったのでしょうか?鬼門は確かに「鬼の住む所」として恐れられたのですが、典型的な「土」である鬼門を封じておけば「金」も来ないというのがそもそもの発想だったようです。しかしそれだけでは片づけられない重要な問題がここにはあります。

結論から言うならば、「土」気の中でも鬼門と裏鬼門のエネルギーとは「金」の変革力へとつなぐネックになると考えられていたのです。いいかえれば、マイナスゴールドに陥いる人間の悪状を裁く「金」神へのスパイが体内に居るわけで、体内ということは「土」だからその典型たる鬼門と裏鬼門のエネルギーがスパイそのものというわけです。

江戸時代、道教由来の「庚申講《こうしんこう》」というのがありました。人間の体内には「三尸《さんし》の虫」という虫が居て、庚申《かのえさる》の日の夜、寝ている間に天の神にその人間の行状を逐一報告すると信じられており、この虫の報告を防ぐための集まりを指しています。実際は寝ないで宴会をすることで虫が天にいけないようにしたわけで、宴会の名目になってしまったのですが、これが鬼門封じの延長にある風習なのです。恐れるべきは「金」神であって、そのなごりは「庚申」という日付にそのまま現れています。「庚」は十干の「金」であり「申」は十二支の「金」です。つまり三尸の虫は「金」神へのスパイというわけで、これが鬼門と裏鬼門の意味あいになるわけです。

さらに詳しく鬼門と裏鬼門の事を考えてみましょう。

相剋ルートの「金」とは人間たる「土」に対して審判する神にも等しいものがあります。そこで「金」を神とするならば、それに対する「土」の人間の中にも、三尸《さんし》の虫ならずとも、神に事継ぎをする存在がある…と見るわけです。言い換えるならば、「金」が王で「土」にある直下の部下が右大臣、左大臣ということになります。裁判でたとえるならば「金」が裁判長で「土」は弁護士と検事です。

もともとは右大臣とは武力を司る体育会系の防衛大臣といった所を意味し、左大臣は知力を司る文科系大臣です。「右」には「防衛」、「左」には「進化」という意味があるからです。余談ですが、ボクシングの右は普通は「防衛」で、左のパンチで「攻撃」と、かつては言ったそうです。右が出るのはいよいよというときだとも…。政治の世界での右翼というとなんだか攻撃的なイメージがありますが、怖いのは思想犯の左翼のほうで、右はあくまで守りという事になります。

この「土」にあるふたつの大臣が鬼門と裏鬼門のイメージに重なります。左大臣が裏鬼門、右大臣が鬼門です。弁護士が裏鬼門で検事が鬼門です。そこで、どちらかというと鬼門は恐ろしい方になります。人間のふだん隠している悪事を暴こうとするわけですから。しかし、裏鬼門は「まあまあ」と情状酌量の余地があるならばなんとか救おうとするわけです。それに対して鬼門は「ここで悪事を精算しないと（自らの悪の要素を自覚して認めておかないと）、次の「金」で本当にひどい目にあうことを主張し、斬るべきを斬ろうとするのです。しかし、前から言っているように、右翼たる鬼門の本筋はあくまで「防衛」つまり「土」たる人間を守ることにあるのですから、「斬る」ということは本当の最後の最後、奥の手なのです。

この、斬るための刀、めったにつかわない伝家の宝刀を日本神話の中では「八重垣の剣」と呼んでいます。本来、剣とは敵を近づけないようにするための武器で、罪なき人を切らぬようにしたとのことです。だから八重垣の剣は鍛冶師が左目をつむって右目ひとつで作ったとも言われます。こんなところにも「右」の原理が表れているのですね。

一方、八重垣の「八」ですが「八方ふさがり」とか「八方手を尽くす」のように３６０度全体という事を意味します。そこで完全な防衛体制ということになります。
ここで八重垣の剣のもうひとつの積極的な意味が出てきます。たとえば本来殺生すべきではないのに殺生しなければならないとか、受けるべき罰ではあるが理由があって今は避けねばならないとか、そういう自然の理に逆らってでも進まねばならぬ時に用いるということです。自然の理にさからう時の逆風を避ける目的で八重垣を用いるということになります。
出雲地方には、裏鬼門から来るすべてを腐らせる恐ろしい風を防ぐための築地松《ついじまつ》があります。これは実際に出雲地方に行ってみるとわかりますが、民家の北東（鬼門）側に家の大きさの二倍はある大きな垣根（築地松《ついじまつ》）を作っているのが見られます。このように現存しているのです。（図（写真）47）
鬼門と裏鬼門を十二支に当てはめてみると、鬼門は丑《うし》と寅《とら》、裏鬼門は申《さる》と未《ひつじ》になります。さきほど①で「うしとらの金神」という話をしましたが、この「うしとら」が鬼門の象徴である事がわかると思います。この丑と申がそれぞれ鬼門と裏鬼門の象徴となり、糾弾する検事は牛の形の鬼、弁護士は猿の形というイメージにつながっていきました。そこで鬼門にある検事は「牛頭《ごず》天王」などの祟り神、裏鬼門の弁護士は「猿田彦」などの道祖神に結びつけられるようになったので

図（写真）47

す。

かたや道教の神で、かたや神話の神というめちゃくちゃな分類になっているのに気づくとおもいますが、伝承の類いには山のような「いわれ」があって、その根源はなかなか見つけにくいです。あくまで一例として理解してください。

牛頭天王に関してはもとは朝鮮系の伝承であって、日本の神話の須佐之男命に習合しています。これが京都の祇園社（現在の八坂神社）の主宰神になっているのはご存じの方も多いと思います。八人の息子を伴って邪を一掃する恐ろしい祟り神という事になっています（図48）。この「八人の王子」の「八」が「八重垣の剣」のように罪あるべきを斬るという話につながるのです。鬼門のイメージは上記のようなので、一見悪魔にも見える形相の神が連想されているわけです。

悪魔といえば、西洋キリスト教圏で有名なのが前述の「ルシファー」です。このルシファーのいきさつが実に日本神話の須佐之男命に酷似しています。ルシファーはもとは天使でしたが、思い上がって神に反乱して地に突き落とされ地上の人々を迷わす悪魔になったと言います。また、須佐之男命は天帝・天照大神の弟でしたが暴れ者だったので、ついには地上に追放されて、地上で人々に慕われるようになったといいます。ここで、天の者が地に落とされるという流れが同じなのに気づいたと思います。違うのはルシファーは地上の人々をまどわし、須佐之男命は人々に慕われたという事だけです。須佐之男命の場合は地上にはびこる「やまたのおろち」という大蛇を退治したのがきっかけでした。

図48　「火」の章　第101話より

「悪を斬れるのは悪」といも言います。つまり天使のような善の権化ではいくら相手が悪でも斬ることができないという意味です。そういう意味では須佐之男命も同じであり、やまたのおろちという邪を殺すことのできた悪なのです。朝鮮由来の牛頭天王伝説も同じで、冷酷な人々を討ち滅ぼしたにすぎません。

一方、ルシファーが人々を惑わす悪魔になったというのも単なる風説であって、本当はアーリマンという真実の悪魔と台頭する「良い悪魔」になったのだという説もあります。良い悪魔というのは、真実の悪ではなく自ら役割として悪を担うことで、人々に真実を気づいてもらう…という意味です。従って、何が「悪」なのかは実に難しい問題であって、単に顔が恐ろしいとか、おそろしい力を持っているというだけで、悪鬼のごとく扱われている事は多いのだと思います。鬼門の神も、「金」の神も同じように「脅威」だったのだと思います。

また、裏鬼門側の猿田彦は神話の中でも「ちまたの神」つまり道端の神、道祖神、塞《さい》の神《かみ》とされており、天孫降臨の神（瓊々杵尊《ににぎのみこと》）を道端に迎えに来たことからそのように言われています。彼は一般的には天狗のようなイメージに描かれています。実際にどんな顔だったのか知る由もありませんが、顔のわりには温厚な人物だったと思えるふしが神話の中には多々、出てきます。医学にも詳しくセリを用いて天皇の息子の水ぼうそうを治したという話もあります。

猿田彦がどうして弁護士側にイメージされているかというと、猿と十二支の申《さる》、という名前つながりはむろんのこと、夫婦神として（妻は　天宇受売神《あめのうずめのかみ》）外部から悪い霊が侵入するのを防いでいるとされているからです。ややこしいことに、裏鬼門は妻のイメージが強いので猿田彦の妻の天宇受売神を主とする見方もあります（図49）。また、人間の罪を糾弾する鬼門の神に対して「みざる、いわざる、きかざる」になってくれよ…と三猿でお願いするというわれもあるようです。そんなことから、庚申の夜は三戸の虫を防ぐために猿田彦神社に集まって酒を飲んで徹夜をし、眠らないよ

図49　「にゃんころ先生のおクチとカラダの診察室」　第81話より

うにしたともいわれます。所によっては猿田彦のかわりに青面金剛を祀るケースもあります。青面金剛呪法《しょうめんこんごうじゅほう》という秘法があり、これが伝尸病《でんしびょう》（結核のこと）を取り除く効果があるとされており伝尸と三尸が結びついてのものらしいです。なお青面金剛像の下には、しばしば「見ざる・言わざる・聞かざる」の三猿が彫られているのがまたおもしろいです（図（写真）50）。

前述の『ホツマ』には猿田彦が裏鬼門につながるもうひとつの根拠が発見できます。猿田彦の師匠がアメノコヤネとあるのです。アメノコヤネは初代の左大臣とも言われ、ばりばりの文系なので裏鬼門のイメージにぴったりです。ちなみに、アメノコヤネは藤原氏の先祖にあたり、千葉県の鹿島神社の祭神、武甕槌《たけみかづち》神のお婿さんにあたります。鹿島神社の摂社にあたる息栖《いきす》神社の祭神とも言われます。その父親は経津主《ふつぬし》神とも言われ、鹿島神社のすぐそばにある鹿取神社の祭神です。鹿島、鹿取とくれば有名な武神で、こちらは右大臣系です。

人々は裏鬼門の神に弁護をお願いするわけですが、その他、また、「身代り猿」というお守りを家の中に吊るしたり、三尸の虫の嫌いなコンニャクを食べてこれを退散させる風習もあります。

しかし、大切なのは自分の罪を報告する「土」のスパイを退治して「臭いものにフタをする」ことで

図（写真）50　庚申塔

はなく、自分自身の罪を認めることです。数年前、病原性大腸菌O157の影響でコンニャクの田楽がダメになり、「庚申まつり」が中止になったというニュースがありましたが、言わずもがなといった話です。

鬼門の神そのものを避けるための風習もあります。たとえば、毎年大みそかと夏の初めに神社で行う「茅の輪くぐり」です。茅の輪とはそもそも、前述の牛頭天王の伝説から来ており、牛頭天王が悪人をほろぼす時に、茅の輪を持っているとまぬがれるというところから来ています。時期的にも裏鬼門と鬼門のタイミングに一致しているのが興味深いところです。

また、こうした鬼門の神の裁きにあいやすい人生のタイミングというのもあります。これが「厄」と言われているものです。これを避けようとするのが「厄おとし」というわけですが、単に神社で祓ってもらうだけではなく、大切なのは自覚だということがわかると思います。（図51）

人間が進化していくにあたり、いつまでも「土」のままにとどまるわけにはいきません。五行的に言うと、次世代の新しい人間は「水」を基準にすることになります。そのためには事前に「金」に遭遇することになります。「金」に遭遇するということは「土」を脱するということです。

以上のように見ると、相剋ルートによる「金」と「土」の遭遇とはユング心理学の「シャドウの認識」に他なりません。自分の影を見つめることで本当の自分を知り、新たな自分、本当の自分、本当の意味での個性を身に付けた「ひとかわむけた自分」になるという意味です。そのために鬼門と裏鬼門が重要

図51　「火」の章　第101話より

な意味を持つのです。

前述のように、それをいやがる人々も多いのですが、人間として成長するにはどうしてもさけられない分岐点でもあるのです。「土」に留まりたい人、今の欲得のままに自分をごまかして生きたい人にとっては鬼門の神と「金」神はまさに脅威の「鬼」となるわけです。

そしてここで気づいていただきたいのです。「マイナスゴールド」に陥った人を浄化する力こそが「金神」という浄化力なのです。

「土」を脱するということは、日常の風習にもよくあらわれています。

たとえば、葬式後の塩まきですが、死穢をおとすという意味で、五行的には「土」のケガレを清めるという意味です。死とは肉体にしてみれば土に還る事なので、葬式に行くということは、「土」の吸引力に触れてきた事を意味するわけです。そこで「土」から脱しておく必要があるので塩をまくのです。

塩は「水」です。「水」で「土」を浄化するわけです。

また、毎年大みそかに京都祇園の八坂神社で行われる白朮詣《おけらまいり》も有名です。白朮と柳に点じた種火を縄に受けて、消さないように回しながら家まで帰る初詣での姿は見たことがあると思います。これは昨年までのケガレ（ためこんだ「土」的な穢）を消すという意味があるのです。

ちなみに、朮はオケラのことで、水分代謝にかかわる生薬として多くの漢方薬で使われています。漢字の「朮」とは「穀粒がへばりついて茎から離れない」姿を意味するそうです。たとえば「述」という字なら「従来のものに沿って語る」という意味だし、「術」ならば「伝統的な方法」を意味し、なにかにへばりつくという「土」のイメージがつよい事になります。そこで生薬としての朮は「土」にへばりつくことで水を出したり水をためたりする（消化を安定させて水分代謝に影響させる）薬という事になります。これが白朮詣の場合は、「土」である朮を消してしまうという意味から、厄落としにつながるわけですね。宝永五年（１７０８）の『大和本草』には「蒼朮を刻んで焼けば邪気と悪臭を去り…」とあることからもわかります。

また、おもしろいところでは朮のへばりつく姿を、咲くことのない恋の未練にたとえた万葉集の歌もあります。

『恋しけば袖も振らむを武蔵野の朮が花の色に出なゆめ』

金神をもう少し可愛くしたものに「つくも神」というのがあります。日用品として使っていた器物の

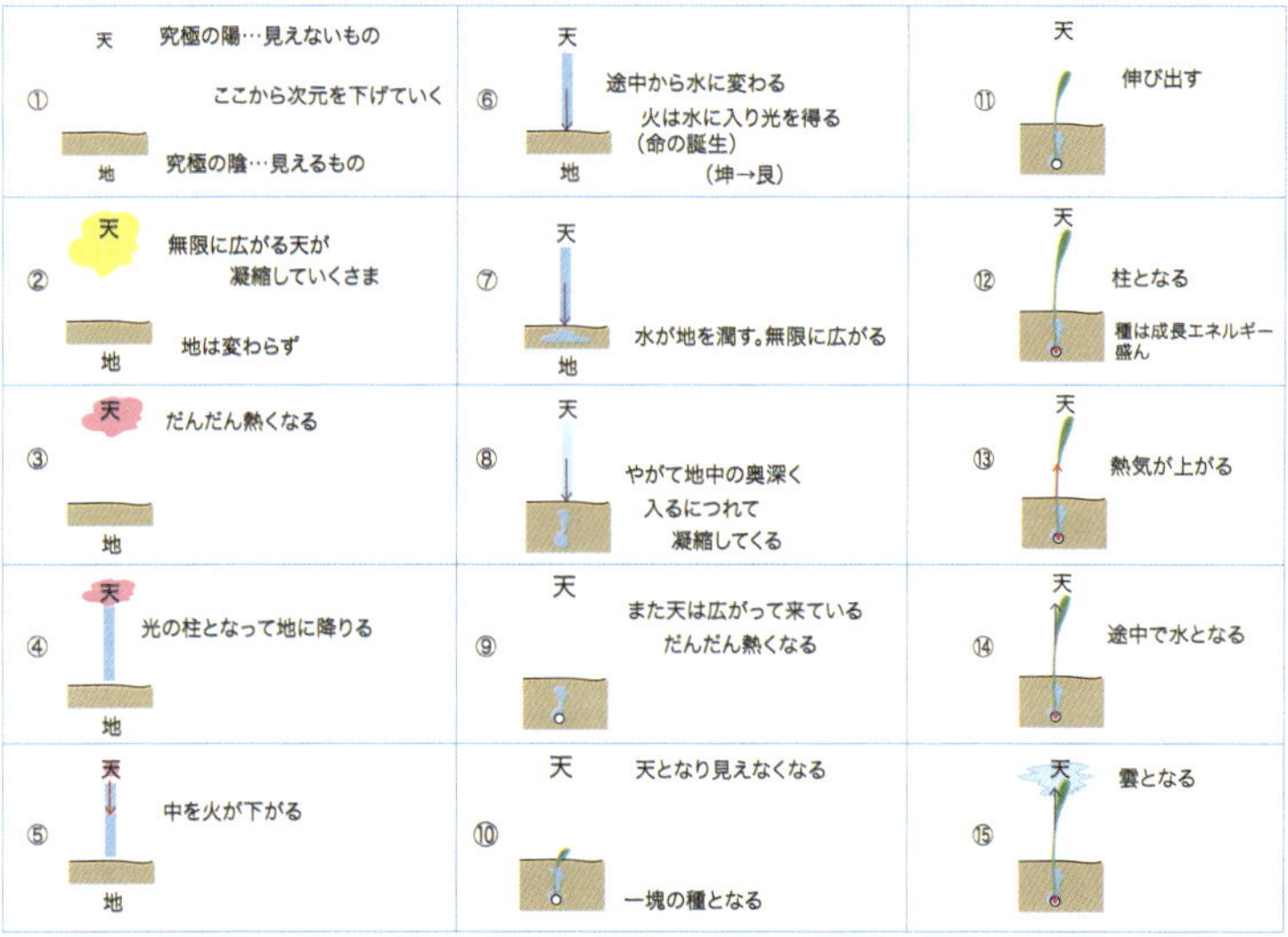

①
天
究極の陽…見えないもの
ここから次元を下げていく
地
究極の陰…見えるもの
②
天
無限に広がる天が
凝縮していくさま
地
地は変わらず
③
天
だんだん熱くなる
地
④
天
光の柱となって地に降りる
地
⑤
天
中を火が下がる
地
⑥
天
途中から水に変わる
火は水に入り光を得る
（命の誕生）
（坤→艮）
地
⑦
天
水が地を潤す。無限に広がる
地
⑧
天
やがて地中の奥深く
入るにつれて
凝縮してくる
⑨
天
また天は広がって来ている
だんだん熱くなる
⑩
天
天となり見えなくなる
一塊の種となる
⑪
天
伸び出す
⑫
天
柱となる
種は成長エネルギー
盛ん
⑬
天
熱気が上がる
⑭
天
途中で水となる
⑮
天
雲となる

男女のセックスで見ると
① 天は男、地は女 ④ ボッキ ⑤～⑥ 興奮は精液となる ⑦ 子宮に入る ⑧～ 陰の力となって人の中に神が展開

図52

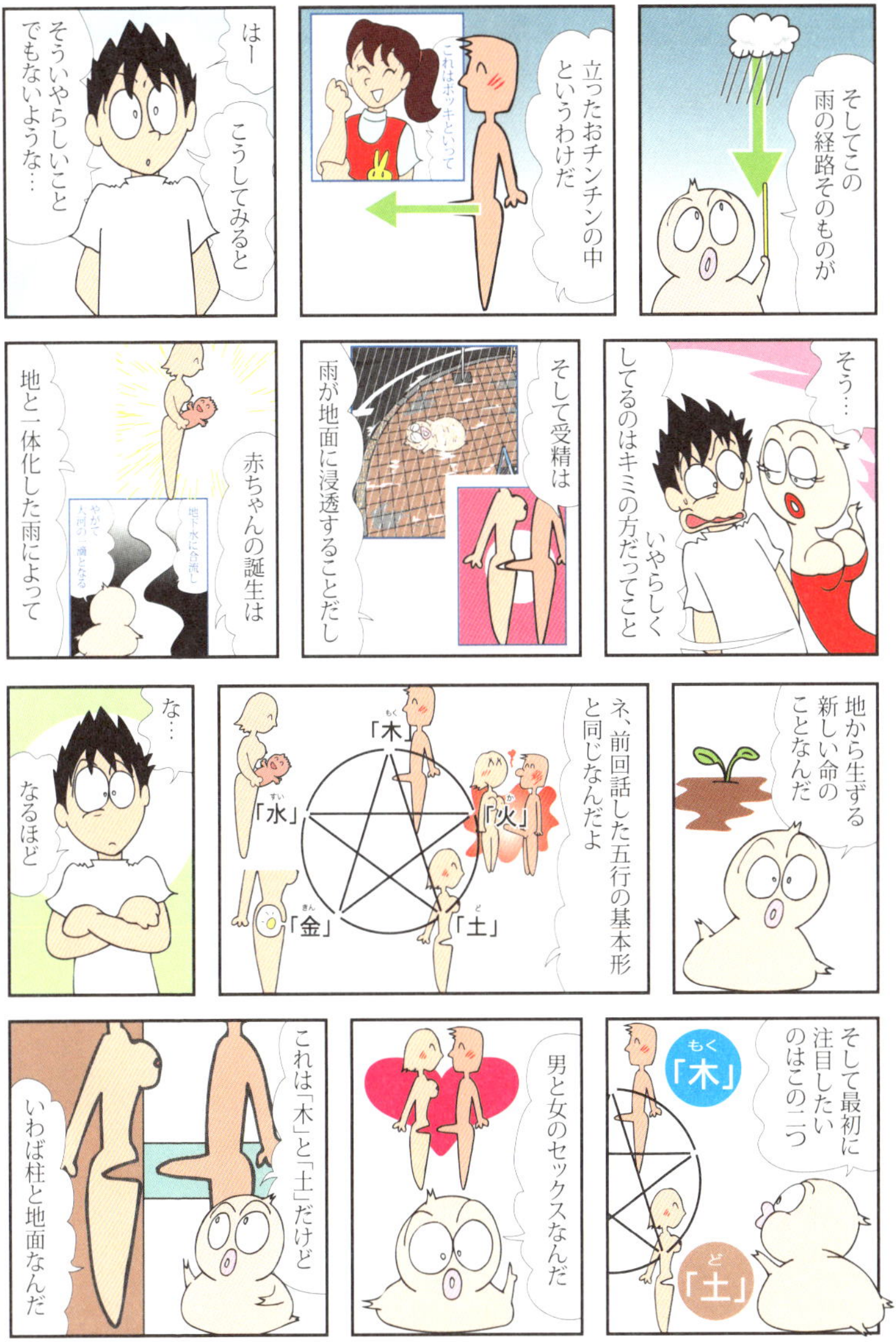


図53 「東洋医学」の章 第180話より

妖怪化したものを「つくも神」というのです。器物も100年たつと魂を持ち、忘れ去られたものは妖怪化するというわけです。民話に出てくる「傘ばけ」とか「一反もめん」などがそれです。

ちなみに、お正月の獅子舞で獅子に頭をかんでもらうのが厄落としになる…という風習がありますが、獅子は「金」気ですから、金神にあらかじめやられておけば、もうやられるおそれがないという厄落としにあたります。

「土」と「金」の出会いはとても重要な軸と言えます（図52・53）。人体で言うならば「土」（食物…地の気）と「金」（呼吸…天の気）との出会いです。このふたつに「火」と「水」（熱と水）が関わって、そこに動き（「木」）が生ずるというのが、万物の基本です。天気の動きとして示したのが図52です。人間の受精（セックス）と誕生の動きもまるで一致してくるのが面白いところです。天の気と地の気と健康との関係については後ほど、傷寒論との関係の所で詳述します。

## ⑶『「水」と「火」の出会い』と『「木」の「未木」』

「水」で得た自我とはまだあくまでも「わたくし的なもの」であって、あやうさを持っています。これが「火」になるともはや「私」を超えた「私」となり、神に近い存在になります。だからこのあたりにくるともう、ひたすら概念的な話になってしまうのですが、ご了承ください。

前に、「水は火に出会って光となる」という話をしましたが、このタイミングがそれにあたります。水と火が出会った時、火が小さいと確かに火は消えてしまいますが、火が大きいと原爆のような大きな光を発することになります。

ホール電子の考え方もこれに等しいです。電子の失われたプラス荷電（ホール電子）に電子が戻るとガンマ線の光を発してすべてが消失するといいます（図54）。

ここでもすべてが消えてなくなってしまうのかというと、実は次元転換するのです。一般的にはあの世に行かないと次元転換できませんが、これからの時代、生きたまま魂的な成長として次元転換することもありうるのではないでしょうか？

さてこのとき、触媒となるのが「木」です。前に紙の燃える過程で、酸素が紙の電子を奪って…という過程を説明しましたが、ここでの酸素が「木」にあたります。

概念的にお話しするならば、ここでの「木」とは、始めの『入り口として

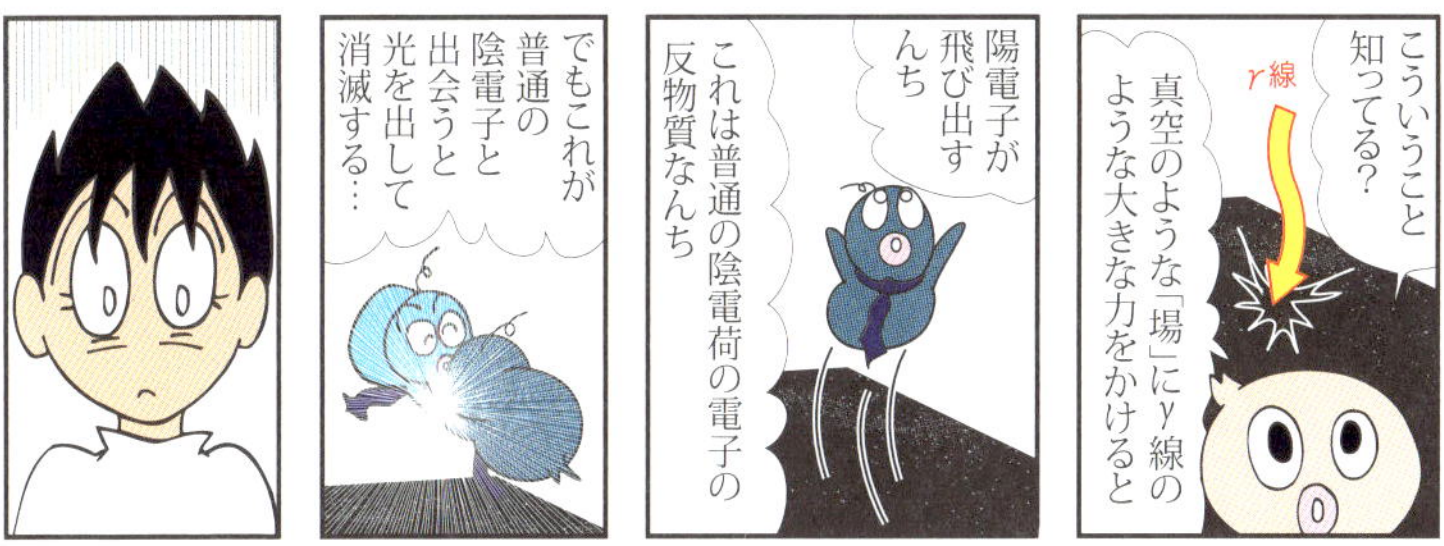


図54 「水」の章 前編 第77話より

図55 「土」の章 第50話より

の「木」』の時にあった『思いの鏡』が再び登場します。ただし、あのときと視点が違います。あの時は「火」側から「木」の鏡を見ていましたが、今度は「水」側から見ています（図55）。そして今度はこの鏡を通過することになるのです。自分がかつて出会った表象や人々、環境などが目まぐるしく目の前に現れるでしょう。よく臨死体験で、いままでの人生をほんの数秒で振り返るという話がありますが、それがこれに相当します。しかし、誤解しないでください。「水」から「火」とは死ぬという意味ではないのです。まだ人類は生きたままここを通過できる人はわずかしかいないので、一般的には死ぬという話になってしまうのですから。

ただ、一部の秘密結社や宗教などではこれを儀式的にクリアーする方法を持っているという話もあります。その一例としてモーツァルトの歌劇「魔笛」があげられるでしょう。ここでモーツァルトは「水」から「火」へと至るイニシエーションを公開してしまったという話です。秘密結社であるフリーメーソンの極秘事項をもらしたかどで、彼は暗殺されたという話もあるほどです。

結局、多くの人はあいかわらず、ここでは相生ルートの道に入ってしまいます。つまり、「未木」に出会って、再びもとの入り口として「木」から始めるのです。

ではここの「未木」とは何でしょうか？一言で言うと自分の主張にこだわり（エゴイズム）続け、それを傷つけられることへの恐怖感なのです。『思いの鏡』を通過できない理由は、この鏡に現在の自分の姿（エゴの増長した自分）が映るのです。それが大なり小なり、人によっては見るに耐えないほどに、

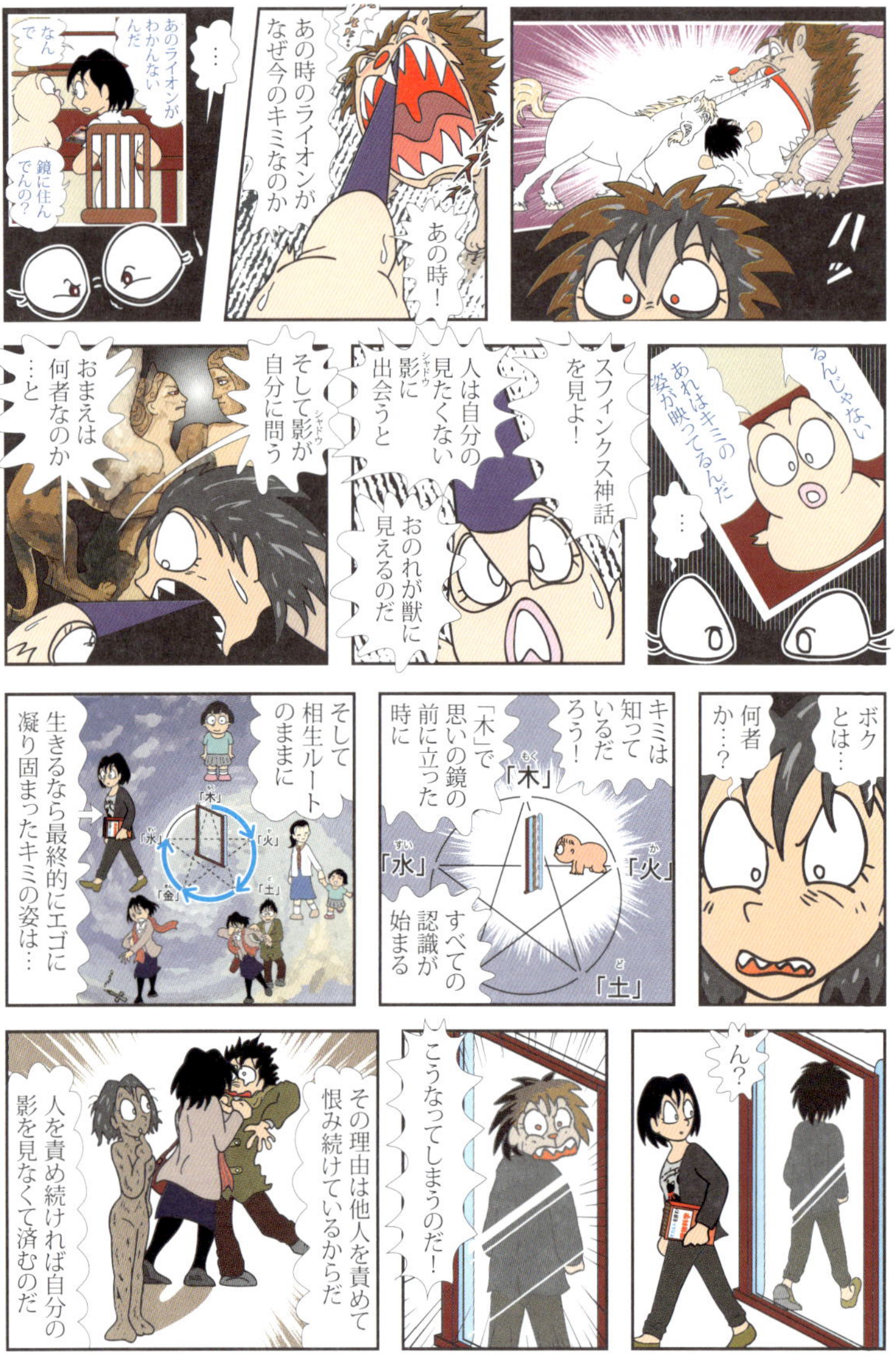


図56 「水」の章 後編 第90話より

図57 「水」の章 前編 第75話より

恐怖になるのです。いままでの「未木」の総決算、累積が自分自身を見つめる事の恐怖につながるのです（図56）。

最初の「火」での「未木」は何だったでしょうか？「くもり」でした。くもりはまさにこの『思いの鏡』をくもらせてしまいます。本来なら素通しで向こうの「火」が見えるのですが、くもっているとただの鏡となって自分の姿を写しだします。（図57）

精神的には「火」で無視や差別してきた人々のように自分が他人から処遇されはしないか不安になってきます。自分のやってきたことがひどければひどいほど不安も大きくなり恐怖となります。

肉体的には、消化しきれない食物が内臓脂肪に変わり、やがて高脂質血症となり血液が汚れていきます。これらは高血圧、高血糖に結びつき(これらを死の四重奏と言います)、糖尿病、成人病等へとつながっていきます。荒く浅い呼吸の蓄積による活性酸素も体を酸化し、さびつかせていきます。つまり毒素が蓄積してきているのです。それに気づかされるような病気なり境遇なりに出会うという恐怖です。

次の「金」での「未木」は「マイナスゴールド」でした。なんとか金神のたたりをまぬがれたり、他人に投影して攻撃し続けることでここを通過してきた人は、精神的に「エゴイズム」という事態に遭遇します（図58）。高学歴やエリートのくせに愛のない冷たいギョロギョロとした目つきをした人にこういうタイプが多いように見受けます。おもしろいことに、冷たいギョロギョロとした目つきというのは、

図58 「水」の章 前編 第72話より

実は疲労した時の目つきと一致しています。疲労するということは東洋医学的には「腎気」（精力）の低下を意味しており、「水」気の不足という事になります。まさにここの「水」を通過するだけのエネルギーがないという事を意味します。

精神的には、このタイミングに陥るとすべての他人、環境は自分を害するものに映ります。表向きは腎気の不足した気力のない姿に見えますが、内面にはこの恐怖が怒りを呼び、一触即発の状態になります。こうしたアブない人、たくさん居ますね。

肉体的には、やはり腎気の不足ということになりますから、東洋医学の言う「陰病」という状態になっていきます。具体的には体が冷えていくということです。排泄しきれずにきた毒素が体を冷やし、免疫も働きにくくなってしまうのです。

こうなると、もう早いところ、「木」からやり直し

図59 「金」の章 第146話より

たほうが安全なのです。結局、ぐるぐる回りなのですが…。

中世の錬金術に照らし合わせてみると、相生ルートのぐるぐる回りを「ウロボロス」という象徴で示しているように私には思えます。錬金術とは相剋ルートによって生じる成果を「賢者の石」という形で求める奥の深い（当時の）科学です。ユングは錬金術を心理的な人間的進化（個性化という名前で呼んでいます）の過程であるとしていますが、私も五行から同じようなイメージでとらえています。

ウロボロスは図59のように龍が自分の尾を噛んでいる姿ですが、龍は「木」で、まさに「木」の解消されない姿（「未木」）を表しているのです。

さて、心理学的にはこのタイミングでもうひとつ、おもしろい現象があります。トリックスターの登場です。トリックスターは「水」から「火」に行けずに停滞している存在に対して、小悪魔のような形で介入してきていつのまにやら、「木」からのやり直しの場所に運び「土」に墜とす存在です。アメリカインディアンの昔話にはよくこのトリックスターが出てきます。インディアン（ネイティブアメリカン）には、崇高な言い伝えが多く、たぶんこの「水」から「火」のイニシエーションのようなものも含んでいると思えます。カスタネダ著のドンファン・シリーズというのがありますが、これは主人公がネイティブアメリカンのドンファンから呪術を学ぶうちに世界の神秘に触れていく内容になっています。これが事実かどうかそのあと問題になりましたが、これは現代人の悪いくせです。事実かどうかは現実にあったことかどうかを問うのですが、心理的次元で起きたことはその人にとっての事実でもあるのですから。それだけに内容は深いものになっています。そしてかなり難解です。

このドンファン・シリーズに影響を受けたと言われているのが20世紀末のアメリカでのサイキック・ムーブメントであり、ジョージ・ルーカスの「スターウォーズ」のシリーズにもその影響が色濃いと言われています。

「スターウォーズ」では主人公のルークが師匠のヨーダの教えにもかかわらず、増上慢におちいって洞窟に刀をもって入っていくシーンがあります。そこに敵のダースベイダーが現れ、決闘となり、からくも勝利するのですが、落ちた首は彼、ルーク自身の姿だったというところです。まさにエゴイズムと「未木」の恐怖を示している場面です。

## 6　相剋ルート後半の「火」以降の出会い

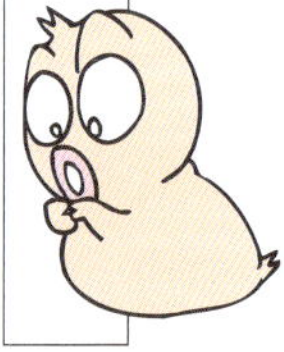

『だるまんの陰陽五行』では相剋ルートの前半「木」↓「土」↓「水」を『低我』と呼び、人間にとっての成長のステップと考えています。また後半「火」↓「金」↓「木」は『高我』と呼び、人間を超えた神々の域に入ります（図60）。ここから先は神の進化ともいうべき世界です。したがって、まあ、話として聞いてくだされば結構です。

## (1)「火」から「金」

「火」まで行って神となった存在であっても、ここでふたつの道があって、神として君臨する道と、後輩の指導にあたる道がひかえているようなのです。後輩（人間）指導の道の場合、このままこの相剋ルートの道を進みます。「火」での形のない「光」から「金」で純粋な結晶のような形をもった姿へと進化するのです。

「金」を五行の象徴でとらえると、声とか咽頭も出てきます。前述のシュタイナーによると、この「金」が物質にして神を超えた創造主となりうる事を述べています。

『私がひとつの単語、例えば「宇宙（ヴェルト）」という語を発音すると、空気の波が振動します。これは私の言葉の受肉（物質化）です。今日、人間がこのように作り出すものは、鉱物界における創造と呼ばれています。空気の運動は、鉱物的な運動です。喉頭を通じて、人間は環境に鉱物的に働きかけているのです。私たちの中で変化した喉頭は、聖杯（グラール）と呼ばれる杯になるのです。』

むろん、こういったことを象徴ととらえると、人体での代謝の過程や神話の理解などにもつながりま

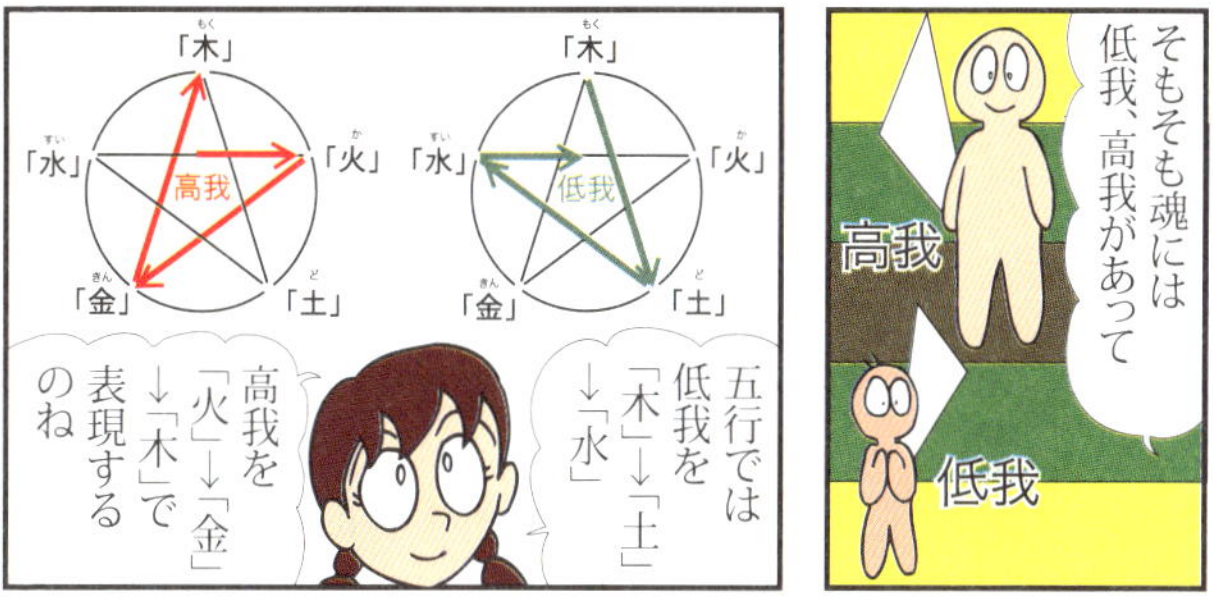


図60　「金」の章　第144話より

す。（『神秘学の記号と象徴』神秘学遊戯団発行　yucca訳より）

　ちょっと例をあげましょう。

①エネルギーの分解過程で述べた過程を思い出してください。「水」で水素を抜き取られた水素イオン（H＋）であるプロトンが「土」の触媒として「火」のエネルギーを細胞外に出してATP（「金」）を作る過程です。これもまた「火」から「金」に他なりません。（図61）

②「水」で水素を抜き取られた水素イオン（H＋）が復活してプロトンの形で「土」の触媒になる事と同じことが日本神話の中でも出てきます。これも前述した事代主神です。

　もとは天照大神の両親である伊邪那岐神、伊邪那美神の最初の子であって、骨のない未熟児と生まれたがゆえに海に流された「ヒヨルコ（ひるこ）」であったが、後に大国主の子（事代主神）（エビス神）として蘇るという説です（蛭子＝ひるこ・えびす）。

　骨のない子…とありますが骨は五行では「水」、これはまさに電子を奪われた水素に相当します。そ

酸化的リン酸化反応の模式図
電子によってミトコンドリア内膜のプロトンが膜間に押し出される。その結果生じる電位差によってATPが合成される。

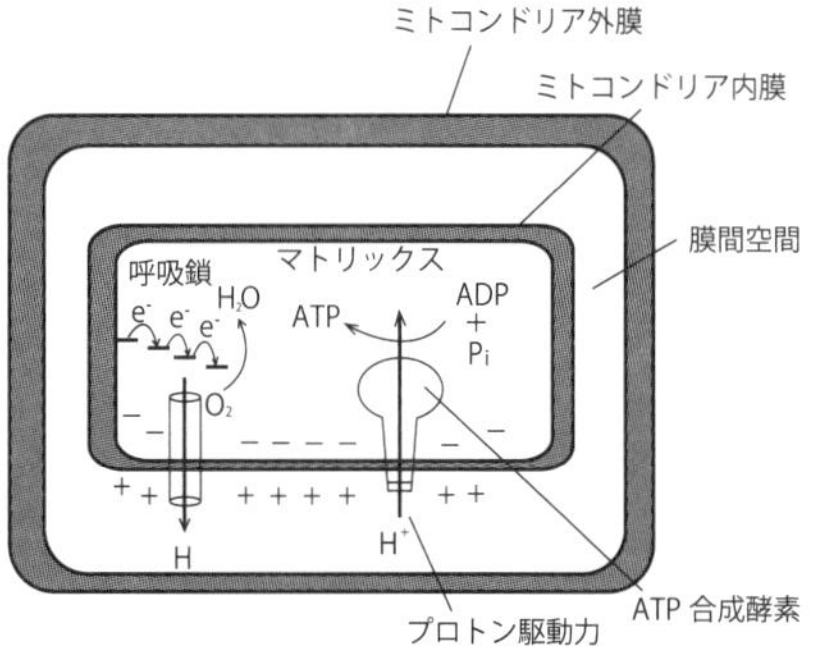


図61　『活性酸素の話』講談社ブルーバックス
永田親義 著　47ページより

して「金」という純粋結晶の神の世界に貢献するほどの偉大な神として復活する…という話です。
③考えてみれば、日本古来の「和歌」とは「火」の純然たる光のような心が「土」という「バラバラにして区分けする…一定の枠に収める力」の触媒を受けて、純化されたものとも言えます。
かつての日本人にとっての歌は単なる歌を越えた異次元的な力をもったものとして受け止められていたふしが多々あります。

上から読んでも下から読んでも同じ言葉になるものを「回文」と言いますが、和歌の回文には魔力があるとすら言われています。たとえば、次の歌を七福神の乗った宝船に添えて正月二日の夜、枕の下に置いて寝ると吉夢を見るという伝説があります。

「ながきよの　とをのねぶりの　みなめさめ　なみのりふねの　をとのよきかな」

平安末、鎌倉初期の歌人で、歌壇の重鎮である藤原俊成は次のように言っています。

「歌はただ、読み上げもし、詠じもしたるに、何となく艶にもあはれにも聞こゆることのあなるべし」

また、浄土教の法然も言っています。

「南無阿弥陀仏と唱える声の中で人と仏が一つになり往生間違いなしという確信が沸く」

立場の違いはあれど、歌とか声明念仏への本質を見る目がここにはあるように思えます。

## ⑵「金」から「木」

「金」で純粋結晶の物質のようになった神は、「木」ではさらに純粋になって鏡のようになります。我々の環境にあるもので言うならば、「金」とは二酸化ケイ素（シリコン）の結晶である石英（クオーツ）のようなものであり、これが「木」となるとさらに純粋な結晶と化した水晶（クリスタルクオーツ）のようなものなのです。

我々の体は炭素を基本にもった有機存在ですが、シリコンも炭素のように何にでも化学反応を起こしていく有機物質なのです。しかも炭素の1オクターブ下に存在するのですから「オクターブの原則」（次章で詳説）どおりの展開です。

「木」で「鏡」のようになる…、でピンときたかもしれませんが、象徴的に述べた時の「思いの鏡」は実はこの「木」なのです。言い換えるならば、すでに神となった存在が後輩である我々のためにシリコンクオーツのような在り方で我々にその身を提供しているのです。むろん、「思いの鏡」は肉眼に写る存在ではなく、観念的なものですが、我々自身のすべての認識の入り口には先輩たる神の存在があって、その親和性によって我々の観念世界が変わってくる…と考えるとなんとも深遠な話ではありませんか。

観念的ではなく、実際的な話をするならば、我々を養っている地球こそが「思いの鏡」のような役割とも言えます。なぜなら、地球の地殻の87％はシリコン化合物で、地球はほとんど水晶球のようなものなのです。我々は先輩たる神の背中に乗って生活しているのです。

## 7　八と五

ここまでに五行の世界観について話を進めてきたわけですが、ついでに「八」で示される世界観と、五で示される世界観（五行）との関係について考えておきましょう。そして、ここにも前述の「金」神の存在が関わってくるのです。

さて、ここで言う八も五も「世界全体」を指すのですが、そのニュアンスには微妙な違いがあります。

我々、人間が見たり聞いたり触ったりできる世界は八で示すことができます。言い換えれば、ものごとをわかりやすく分断して理解するためには、その「分ける」最大公約数は八ということです。

たとえば、方位を見ましょう。自分を起点として三百六十度がすべてです。普通に分けると東西南北で四です。さらに分けていくと北東とか南東のように分かれて八となります。南南東とかいう細かい分け方も当然存在しますが、あまり一般的には使いません。だから最大公約数は八と考えてよいでしょう（図62）。

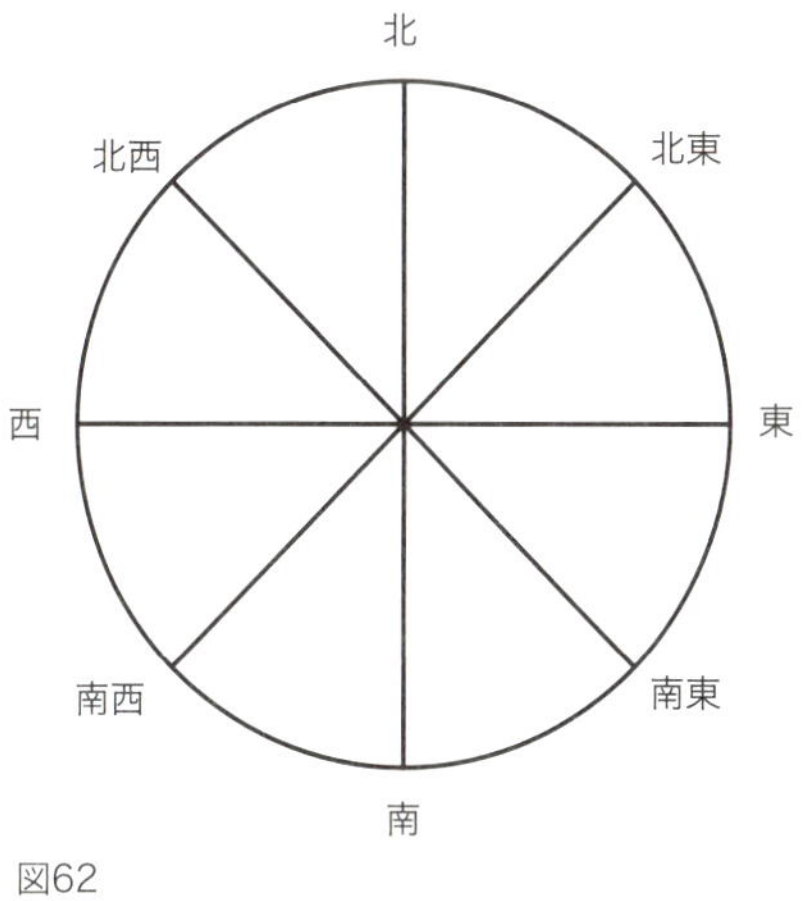

図62

この八に分けるという発想は日本にも古くからあります。「うそ八百」とか「八百屋」とか、「すべて」に相当するくらい多いものを八で示します。神話の「やまたのおろち」も八首ということは、かなり多いという事を意味するのです。さて、その神話の中で、三種の神器のひとつとして「八咫《やた》の鏡」というのがあります。「八咫の鏡」というのは当時の人民の身長の平均を出してそれを八咫という数に示したといいます。要はすべての民を映しだす鏡が八咫の鏡というわけです。

また、音楽ではオクターブというのがありますが、ドから次のドまでをさすのはよくご存じだと思います。つまりは、周波数が一対二の比率をもつ二つの音の音程関係をいうのですが、ここにも8音階あることに気づくと思います。ちなみに、化学の世界でも元素を原子量の順に並べていくと、八番目ごとに性質のよく似た元素が出現するということで、オクターブの法則と言うそうです。

さて、一方「五行」ですが、こちらは八のように目に見える世界というよりは、どちらかというと概念の世界の分け方です。そこで、八は形而下の分類、五は形而上の分類という具合にここでは考えておきましょう。

ここで、この八と五というふたつの代表的な数字の間に「ある関係」が存在

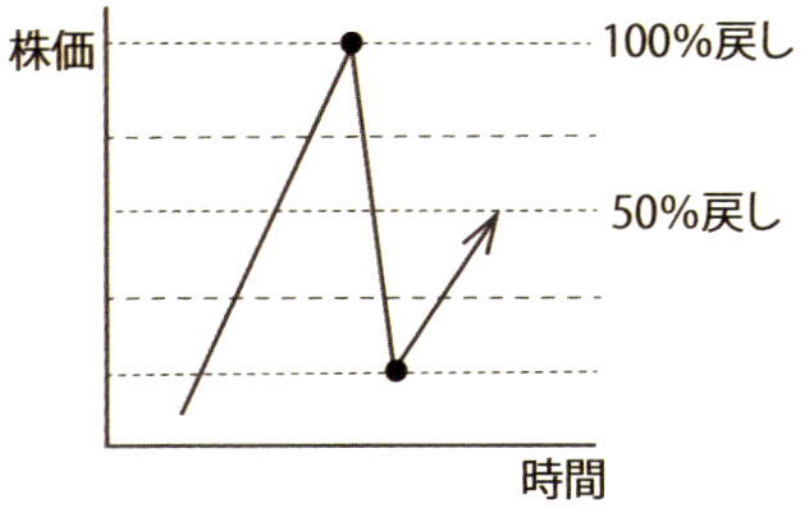


図63

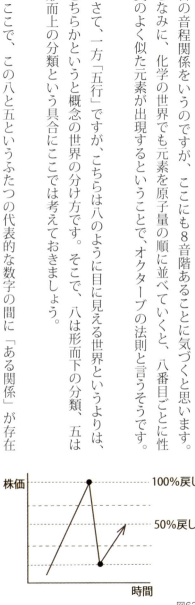

する事に気づきます。

キーワードは「黄金分割」です。黄金分割というのは「1対1・618」の関係ですが、ほぼ三分の二に分割する事を言い、前述のイタリアの数学者のフィボナッチが考えだし、自然界の本来あるべき美しい姿を支配している比率と考えられています（図31）。美術や建築の構図、トランプやピラミッド、名刺のタテ・ヨコの関係のような人間の創作物から、クモの巣、宇宙の渦巻き星雲の形のような、ありとあらゆる自然界に存在するものにも黄金分割比が見られると言います。おもしろいところでは、相場の世界でも「3分の1戻し（押し）」や「3分の2戻し（押し）」というアプローチに、この考え方があてはまるそうです（図63）。


この方法にもとづき、さらに考えていきましょう。

まず円を描きます。円周は目に見える「すべて」を指すので「八」と言えます。

そしてこれをほぼ黄金分割、つまり三分の二に分けます。これが a b です（図64）。

この a b をさらに三分の二に分けると c が出てきます（図65）。

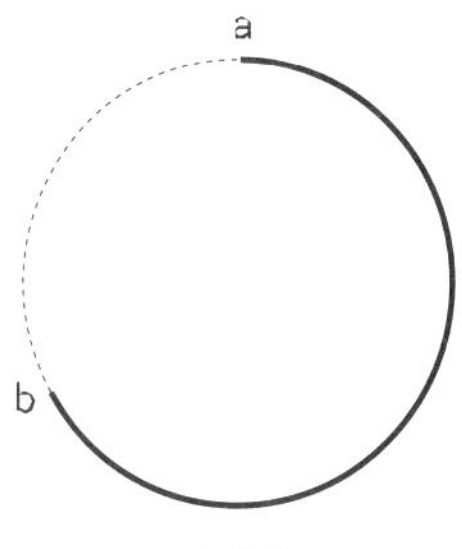

図64

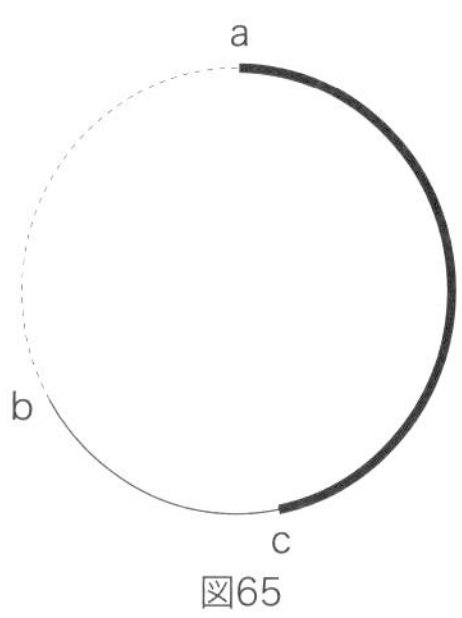

図65

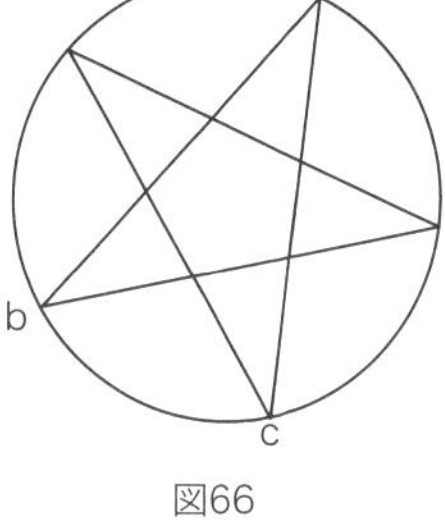

図66

ここに出てきたｂｃの長さは全周をほぼ五分の一にした長さに匹敵します(図66)。

五等分ですから五行の一片に相当することがわかると思います。

つまり、八という形而下の世界を黄金分割すると、五という形而上の世界に近づくということです。

有名な『モナ・リザ』ですが、ここにも黄金分割が見事に割り込まれているといいます。

絵を見る我々は、形而下の物質（たんなる絵の具の集まり）から形而上の目に見えない世界（何かの雰囲気を感じる）に連れ込まれるのですが、そこに黄金分割という手法が効果的に用いられているわけです（図31)。

興味深いことに、音楽のオクターブの扱いにも黄金分割の方法が用いられています。

たとえば笛などを作る時、ドという起点の穴を捜します。このドからドが前述の一オクターブにして八というすべての世界です。ここから音楽という形而上の世界に近づいていくために黄金分割を用いるわけです。まずドまでを黄金分割つまり三分の二で分けます。ここを形而上を示す五段階目とするわけ

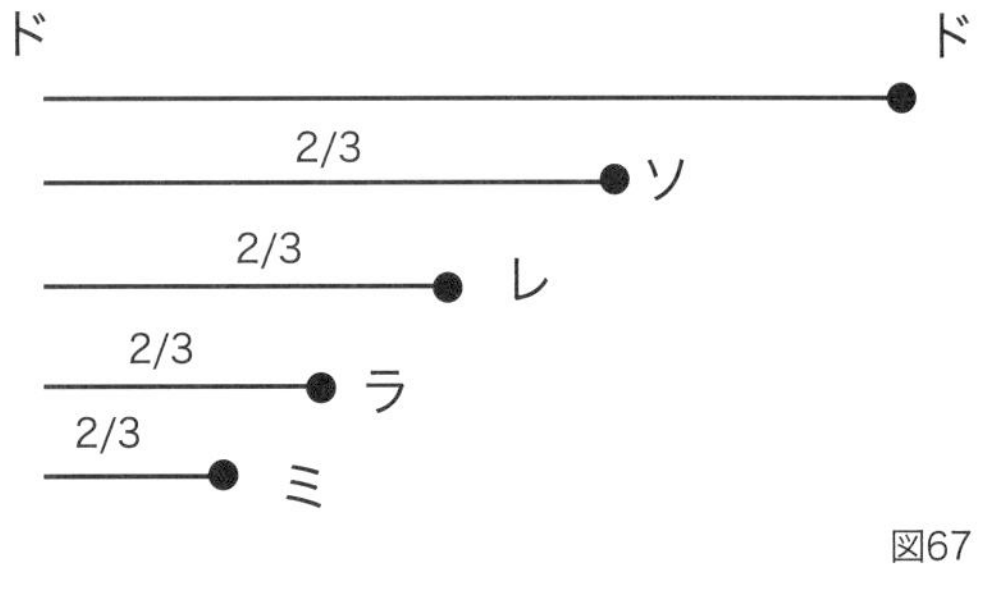


図67

です。つまり、ドレミファソでソという音になります。同様の方法で、音階の音となる穴を開けていくのです（図67）。

以上が八と五による世界観の説明ですが、実はこの方法にも難点があります。黄金分割はきっかり2／3ではないし、円周の2／3から割り出される数は全体の1／5にぴったり一致するわけではありません。あくまで近似値です。

そしてオクターブの場合でもミファの間とシドの間だけ半音となるので、シドレミファという5度のところだけは4音分になってしまいます。

こういった誤差がいくぶんか溜まってくることで、形而上の世界と形而下の世界の間にすき間が生じると考えるのです。そして日本ではこうした「すき間」こそ、魔の進入する所と考えていました。

たとえば、季節の変わり目には病気しやすいとか、老化は関節から始まるとか、すき間とかつなぎ目の節の部分を一番注意すべきと考えたのです。

太陽と月の周期にも誤差があります。このために暦にも工夫が必要となってきたのですが、あくまで一カ月の基本は三十一日と考えます。そしてこれは一般的な和歌の文字数に一致します。古来より日本ではこの三十一を聖数と考えていたからです。

和歌は魔をはらう最重要のものと考えられていたので、月のすき間や日常のすき間をうめるべく三十二文字の特別な「祓《はら》い歌」というのも存在するそうです。

図68　「にゃんころ先生のおクチとカラダの診察室」　第79話より

和歌山県の熊野那智大社では毎年夏に、扇を柱にして十二台立てる「火祭り」（扇祭り）を行いますが、この一本ずつの柱に付ける扇の数も三十一が基本です。ただし、この「すき間」対策として半分開いた扇を二枚加えることで三十二にしています（図68）。

こうした事を見ていくと、人間と魔との関係がよく見えてきます。前述のように、人間は陰陽という相対的な世界の中に住む以上、ものごとを分割していかないと理解できない仕組みになっています。そして、この分割するということゆえに分割しきれないものが生じ、そのすき間を魔と表現しているということです。シャレて言うならば「すき魔」とでも言いましょうか。つまりは、理解の及ばないものが魔であるのです。分割することは「金」だと言いましたが、魔が「金」神に関わっていることはここからもわかると思うのです。

## 8　人体の働き

### (1) ふたつのグループ

陰陽五行の象徴をひととおり学んできたところで、もういちど人体の仕組みを東洋医学的に振り返ってみましょう。基本は陰陽の「冷たいもの」と「暖かいもの」だと言いました。人体はいわば小宇宙であり、天気の働きと同じように陰陽が出会って循環しているのでした。そこで、話をわかりやすくするために人体をちょっとかわったひとつの部屋にたとえてみましょう。部屋とはいっても地面は土だし、天井は空と同じなのです。雲もあれば雨も降る、太陽もある、そして昼も夜もある、そんなまるで小世界とも言えるような小さな部屋なのです。もうひとつ変わっているのはドアが入り口専用と出口専用があるということです。これから、この小部屋に起きる陰陽のバランスを「暖かくするグループ」と「冷たくするグループ」に分けて考えてみましょう。

まず「暖かくするグループ」です。「暖かくする」と言っても、もともと我々には「体温」というものがあります。体温が一定以下に落ち込むと死んでしまいます。だから、いくら「冷たいもの」と「暖かいもの」のバランスだといってもそのベースにはある程度の温度が必要なのです。そこでこの部屋の太陽が活躍します。しかし日常の天気のように太陽があっても雲があれば隠れてしまうし、夜には見えなくなってしまいます。だから本当の意味でこの部屋の温度を牛耳っているのは地熱です。太陽から受けた熱を溜めて、地熱を発して部屋の温度を保っているのです。体に当てはめると、太陽にあたるのが心（臓）、地面にあたるのが胃、熱そのものは肝（臓）ということになります。

心臓とか肝臓の臓の部分をカッコでくくって（臓）としてあるのは、西洋医学の呼び方と東洋医学の呼び方、概念の違いがあるからで、厳密には西洋医学の「心臓」と東洋医学の「心」とはちょっと違っています。しかし、ここでの話は東洋医学的な考え方が主ではありますが、慣れている心臓とか肝臓という「臓」を付けた名前で呼ぶことにするのでご了承ください。

では五行に当てはめてみましょう。私たちの体の体温は血液の循環によって保たれています。血液は「火」で心臓も「火」、太陽も「火」なので熱の本源はやはり「火」であることがわかります。しかし、これはあくまでも本源であって、直接、熱となって生じさせているのは肝臓であると言いました。どういうことかというと、体温の源は体内の物質代謝に伴う発熱反応で、おもに肝臓と筋肉で発生するのです。肝臓も「木」、筋肉も「木」です。そして熱というかげろうのように上昇していく気は「木」そのものです。上昇する熱気のもとを作る地面は「土」で胃も「土」です。以上のことをまとめると、食物は「土」で同化作用を受けて「木」という熱気になるということです。それを見守る本源が「火」です。

一方、「冷たくするグループ」です。部屋に生じた熱は上へと昇っていきます。どんな部屋でも暖房すると熱気は上に溜まります。人体というこの部屋も同じです。しかしこの部屋の天井は空で出来ているのでした。空は気圧も低く、温度も低いです。空気中の飽和水蒸気は少なくなってしまうので、上がってきた熱気は水滴のツブに変化し、雲のようになってきます。この、空のように冷やす働きをするのが肺です。しかし雲が出来るには単に蒸気が冷えるだけではダメで、水滴を作る核となる物質が必要です。チリとかゴミの類いです。人間の場合、肺にチリとかゴミなどの異物が乱入することが多いと、まるで空に雲ができるように肺にも水滴様の粒々が生じやすくなるので、咳込むことになるのです。正常な肺だと異物の混入は少ないので、上がってきた熱気は肺で冷えて雲ならぬ「宗気」という気になるのです。

宗気はまるで天気における雨のように下へと降り注ぎ、地面を抜けて地の深くの地下水のようになります。人体という小部屋では地下にあたるのは腎臓です。腎臓は水分代謝をする所で、宗気は「元気」という気に姿を変えます。これが地下水にあたります。しかし、正確には元気イコールそのまま地下水ではなく、水は部屋の至る所から集められてきているので、水と元気がともに腎臓にあると思ったほうがよいでしょう。さらに、肝臓だとか筋肉などの代謝のさかんな細胞ではエネルギーと熱が作られると同時に酸と水ができます。酸と水の一部はゴミとして大腸や腎臓を経由して排泄されていきます。

五行では肺と大腸は「金」、腎臓は「水」でした。前に「金」は収斂、「水」は丸まるという作用があると述べましたが、冷たくするということは求心的に小さく硬くなっていくことで、排泄作用もからんでくるという事がわかります。

以上、この人体という小部屋では暖かくするグループとして肝臓（「木」）胃（「土」）、心臓（「火」）そして冷たくするグループとして肺（「金」）、腎臓（「水」）があることになります。ただし、心臓はどちらかというと見守る立場にあるので、積極的に暖かいグループに入れなくてもよいでしょう。そうす

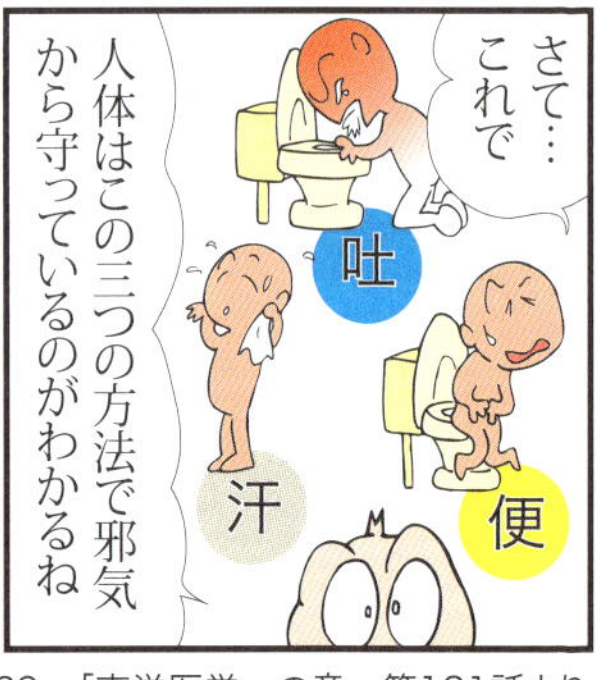

図69　「東洋医学」の章　第181話より

ると「木」「土」が暖、「金」「水」が冷、「火」は基本ということになります。人が病気になるということは、暖と冷のバランスが狂ってしまうことなのですが、この小部屋を使ってさらに考えてみたいと思います。

## ⑵風邪を治す

まずはいちばん身近なところで風邪の場合を考えてみましょう。東洋医学では風邪を「ふうじゃ」と言います。「ふう」という「邪気」つまり風魔なのです。この小部屋にとっては「招かれざる客」です。それが居座っているのが風邪（かぜ）というわけです。

ぜひとも風邪には出ていってもらわねばなりません。でもなかなか出ていってくれません。一番簡単なのは窓をあけて追い出す方法です。次にはなんとか出口からひっぱり出す方法です。どうしてもダメならば入り口から出ていってもらう事もできます。窓にあたるのが汗腺、出口が肛門、入り口が口です。だから風邪を治すのに一番の近道は汗をかく事であることがわかります。

そして肛門から出すのが下す事で、口から出すのが吐くことです。次第に事が重大になってきます。この場合、風邪が重くなってきたことを指します（図69）。

さて、窓から出ていってもらうには体温を上げることです。なぜなら体温が上がらないと、つまり部屋の温度が上がらないと窓をあける気にはならないでしょう。私たちには体温という基礎的な温度が必要なので、必要以上に部屋を冷やすわけにはいかないのです。必要以上の温度になった時に初めて窓はあける気になるのです。そこで体温を上げるために体はいろんな事をします。いったん窓をぜんぶ締め切って筋肉を微震動させることでさらに熱を作っていきます。これが「ふるえ」です。筋肉も震動も熱も「木」です。つまり「木」気を上げていくわけです。だから、私たちが「寒けがする」と言ってふるえている時は、実は体は体温を上げているのです。本当に寒いわけではないのです。熱が生じる時には酸とか水もできると言いましたが、これらが増えるので体がだるくなったり、むくんだりしてきます。熱が上がることで免疫機能も上昇してくるので、必要以上に外敵に過敏になり、くしゃみや鼻水も多くなります。こうして準備が整うと、窓が一気にあきます。そこで風邪を追い出せれば成功です。健康な子供が風邪をひくと一晩でぐっしょり汗をかいて翌日はケロッとしている事がよくありますが、これが正しい風邪の治し方で、一番確実な方法なのです。いわば風邪といっしょに体の中にたまったゴミを押し出す浄化作用をしていることにもなるので一挙両得というわけです（図70）。

しかし、どんな人でもそう簡単にいかないのが難しいところです。それぞれ体質というものがあるように、この小部屋にもいろいろなタイプがあります。一番大きな違いは天井の高い部屋と低い部屋です。

図70　「東洋医学」の章　第167話より

これは「金」のタイプの違いですね。また、地面の土が熱を受けやすいかどうか、よい土かどうかの問題があります。これは「土」気のタイプです。

## ①天井が低い部屋のタイプ

もし天井が低いと早く部屋は暖まることになります。そのぶん、窓をあける機会も多いでしょう。窓をあけると室温は下がります。そこでまた暖めて、また窓があく…という具合にひんぱんに繰り返すことになります。そうなると部屋を暖める役割の地面がくたびれてくるのです。

体で言うと、胃が弱くなりがちということです。胃が弱いということは、体の中心が崩れやすいことなので、どちらかというと「体が弱い」タイプという事になります。また、窓が開き気味ということは、いつも汗をかいている、冷や汗のような汗がいつも出る…という事です。一般的に、汗腺が開いて汗が出ている時にヒトは暑さを感じるので、このような人は「暑がり」を任じていることが多いのです。しかし、その実情は逆で、窓が開きっぱなしという事はそれだけ冷えるのも速いので、下半身は冷え気味です。もともと暖気は軽く冷気は重いので上が暑く下が寒いのです。いわゆる「冷えのぼせ」というものですが、冷えの自覚はない場合がほとんどのようです。

さて、このようなタイプの人が風邪をひいた時はどうすればよいかというと、やはり鉄則は同じで、まず窓から邪気に出ていってもらうことを考えます。窓を開けるには部屋の温度を上げるしかありませんが、このタイプの人はチマチマと窓が開き気味なので、なかなか温度が上がりません。バッと温度を上げてバッと窓をあける、という事がなかなかできないのです。バッと温度が上がらない原因として重要なのは、地面である胃が弱っているということです。そこで、まず胃を整えることを主眼におきます。おなかを暖めて、地熱を上げるというのが一番の近道であることがわかります。

**②天井が高い部屋のタイプ**

もし天井が高いと部屋は暖まりにくいです。地熱はどんどん上昇しますが、なかなか窓が開くほどに全体が暖まりません。天井が高いので暖められた地熱が昇っていっても、なかなか天の冷気と交流しないので、雨がふるほどにもなりません。

体で言えば、毛穴が開いて汗が出る段階になかなか行けないということです。しかしほどほどに上半身には熱気が溜まっているので、その分、下半身は冷えやすいです。

このようなタイプの人が風邪をひいた時は、とにかく汗腺を開く努力をすることが大切です。有名な漢方薬の「葛根湯」はこのようなタイプの人の初期の風邪にピタリとくる薬で、体を暖め汗を出させる発汗剤です。

**③肝臓との関連**

①と②ではあえて「木」(肝臓)との関係には触れませんでしたが、どちらのケースでも大きく関わってくるのです。なぜなら「木」は熱気そのものだからです。①でも②でも要は体温を上げて毛穴を開く

のが風邪を治す道だったのですが、前述のように体温のほとんどは肝臓と筋肉で作っているのです。具体的には胃で受けた食べ物が小腸で吸収されて肝臓でエネルギー化される過程で熱が出来るわけです。胃腸の具合が悪いと吸収されてきた食物が十分に人体に同化されていないこともあり、その場合は毒性が残っているので肝臓ではさらに解毒の作業も行わねばなりません。そうなるとますます肝臓は熱をもってくるのです。

肝臓が仕事をするには血液が必要です。血液には酸素が含まれており、酸素がないと仕事の重要な行程がクリアできません。ひどいときには肝臓は足りない血液を隣の胃からも借りてきます。すると胃のほうでも仕事ができなくなってきます。その結果、また食物が毒性を帯びたまま吸収されてきてますます肝臓の仕事が増えるのです。悪循環となるわけです。言い換えると、体温をむりやり上げる過程というのは、肝臓がアクセルを押しっ放しという危険な状況に結びつくわけなのです。前に「木」というのは暴発しがちな若者に似ていると説明しましたが、ここにも「木」の特徴が出てきます。

そこで、普通の風邪の場合は肝臓の負担に至る前に体温を上げて汗で邪気を取り去るのが一番なのですが、現代人はなかなかそうはいかないのが実情です。「ちょっと変だ」という時に市販の化学合成の薬を飲んで、表に出ているくしゃみ、鼻水、寒け、だるさなどの症状をむりやり止めて（これらの症状は体温を上げるために必要なものであると言いました）、かえって慢性的に悪化させているのです。まるでゴミをひたすら奥へしまいこんでいるようなものです。

そこで、たいていの場合は肝臓の暴発の状況が重なってくるのです。専門的には肝気亢進《かんきこうしん》と言いますが、具体的には熱が肩から上に溜まってくる症状です。頭痛、肩凝り、目まいなどが代表的なものでしょう。これに胃の血液が足りない症状（専門的には肝気横逆《おうぎゃく》と言います）が重なってくると、吐き気が出てきます。

風邪への処方は、結局は①も②も同じで「暖めて汗で出す」という事なのですが、肝気亢進を伴っている場合は汗だけでは無理になっている場合が多いです。こういう時には邪気に出ていってもらう二番目の方法、つまり「出口から出す」という方法が加わってきます。漢方薬では瀉下《しゃげ》剤と言われるものがこの類いになりますが、①のように胃の弱さが重なっている場合はあまり適していないようです。薬に関してはいろいろとありますが、本稿の主題ではないので、ここでは日常生活での処方について述べます。

まず大切なのは肝臓の負担を取ることなので、「食べたくないものは食べない」ということです。こう言うと栄養が足りないとエネルギーが不足して風邪に勝てないではないか！とよく言われるのですが、肝気亢進を来しているような場合では胃腸の消化がしづらくなっているので、食べれば食べるほど消化不良になって肝臓の仕事が増えるのです。そのぶん、最低限の消化に良い温かいものを少量摂ればよいのです。そしてとにかく休むことです。肝臓は「木」なのでほっとけば何処までも暴走します。言い換えると暴れ馬です。むりやり止めようとするとケガをすることは明白です。方法はただ一つ、時間をかけてなだめるのです。どうしても時間が必要です。「木」には「巽順《そんじゅん》」という美徳もありました。「巽順」とは全体を「調える」働きです。

次に朝を大切にすることです。「木」は朝の象徴であるとも述べましたが、このことは朝が肝臓が一番働きやすい時間であるということでもあるのです。ですから早起きするような生活体制に変えることです。これは夜更かしはしないで早く寝ることにつながります。夜の11時から2時の間にすでに就寝しているということは、腎臓を助けることになるので免疫力を上げることになって、これも好都合なのです。

味で言うならば「木」は「酸味」でした。朝、お茶に一滴の酢を入れて飲むとか、梅干しを少し摂るようにすると、下すべきものは下ってきます。下痢は、おなかが冷えた時になるものだと金科玉条の如く思っている人がいますが、おなかが消化という作業をパスして食物を追い出す時も下痢をするのです。わかりやすい例なら、牛乳を飲んですぐ下痢するタイプの人です。あれは消化できないゆえなのです。だから風邪の時でも消化できないものはすぐに出ていってくれたほうが肝臓の仕事が減って助かるのです。

### ④腎臓との関連

東洋医学に「傷寒論《しょうかんろん》」という学説があります。その中で、温病《うんびょう》といって咽《のど》がちくちくするような風邪について述べられている所があります。この「咽に来る風邪」とは、腎虚といって腎臓が弱っている状況を指します。腎臓は「水」で、精という根源のエネルギーに相当します。いわば体内の蓄電池なので、腎臓が弱っている状況は気をつけねばなりません。睡眠など、充電が必要ということです。

## ⑤傷寒論との関係

傷寒とは、腸チフスのような急性の発熱性感染症（熱を伴う伝染病）のことです。『傷寒論』とは、このような感染症との戦いの状況と治療法を示したもので、中国の医学書の三大古典の一つと言われています。また、日本でも江戸時代に独自の発展を遂げ、日本漢方のもととなりました。

この理論と、前述の「未木」の対策が似ているのでここで紹介しておきましょう。

まず、以下に『傷寒論』の解説を述べます。「デアゴスティーニ・ジャパン」発行の『漢方ライフ』からの引用です。

---

『傷寒論』では、原則的に急性の熱病は陽証3段階（①太陽病②少陽病③陽明病）、陰証3段階（①太陰病②少陰病③厥陰《けついん》病）の6つのプロセスで進行していくとされています（しかし実際の病気の進行は、必ずしもこの順ではありません。さまざまな変化型が存在します）。発病前は、「体力100％:病邪0％」だったのが、病気が進むに従って病邪の比率が増し、厥陰病期末期で「体力0％:病邪100％」になると死を迎えます。大まかにいえば、体力が50％超の状態が陽証、50％未満の状態が陰証です。

陽証は、体力が病邪に勝っている状態で、体力が病邪に劣るようになると陰証の段階に入ります。

陽証から陰証の各段階の症状と治療方法を紹介すると以下のようになります。

### A太陽病（陽証第1段階）

外部から侵入した病邪（外邪）は、体表部にとどまっていて、体力もまだ十分にあります。症状としては頭痛、発熱、悪寒（寒気）などが見られます。

治療法としては、桂枝湯などを服用し、体を温めて抵抗力を高めます。実証の人であれば、麻黄湯で発汗させることも有効です。きちんと治療すれば、この時点で治りますが、不摂生をするなど無理をしてしまうと次の段階へ進んでしまいます。

### B少陽病（陽証第2段階）

病邪が体内の奥に完全に入り込んでくると高熱が続くようになります。そのほか口の苦み、渇き、めまい、せき、動悸、吐き気、食欲不振などの諸症状が見られるようになります。

治療法としては、病邪の毒を中和するため、小柴胡湯などを服用します。

ここまでの陽証は、基本的には発汗させることによって治すことができます。

### C陽明病（陽証第3段階）

病邪が体内深く侵入し、胃腸なども冒されてきます。汗が多くなり、強いのどの渇き、食欲不振、便秘、腹部の張りなどが見られるようになります。

治療法としては、熱を取るのに白虎湯を服用したり、承気湯類で排便を促したりします。

### D太陰病（陰証第1段階）

ここから、陰証に入るので病邪のほうが体力より優勢になります。そのため、病邪との戦いで生じていた発熱や発汗がなくなり、寒さや冷えが現れるようになります。下痢、嘔吐、腹部の張りなどの症状も現れます。

体が衰弱しているので、強い薬を使うことができません。治療法としては、体を温めて体力をつけるために真武湯や四逆湯を服用します。

陰証は陽証ほど症状がはっきり区別できないので、どの症状でも治療法は基本的に似ています。

## E少陰病（陰証第2段階）

病邪はさらに体内の深部に進行し、体の痛み、手足の冷え、下痢などの症状が現れ、だるくて横になることを好みます。

## F厥陰病（陰証第3段階）

体力の消耗が一段と進み、陥落寸前で死の一歩手前の状態です。手足の冷え、下痢などがさらに悪化します。血圧が低下して意識がもうろうとし、腹の力も弱くなります。

---

AからCの陽症は風邪をはじめとして、よくある感染症ですが、D以降は重い症状という事になります。したがって、「未木」との対応も①から③までです。図28を参照してください。AからCの病とは「未木」そのものということです。

図71　「東洋医学」の章　第181話より

A「火」での「未木」は「くもり」、すなわちぬるぬるしたものでした。これは太陽病での「鼻水、くしゃみ」などの粘膜反応に相当します。対処法としては「火」つまり熱を与えるということなので体を温めて抵抗力を高めることです。

B「金」の「未木」はマイナスゴールドでしたが、これは少陽病に相当します。症状的には肝臓の負担が伴っていますが、こういったものを「湿熱」と言います。湿度は体の大黒柱の脾胃を痛めるので、大敵です。したがって少し乾燥するような形で熱をとるのが治療法となります。乾燥といえば季節では秋で五行では「金」です。少陽病という「未木」に対処するのはやはり「金」なのです。

ちなみに、この乾燥させる薬として「小柴胡湯《しょうさいことう》」があるのですが、以前、慢性肝炎による肝機能障害の薬と誤認されて乱用されたことがあります。結果、１９９８年から2年間に50人の患者が間質性肺炎を起こし、うち8人が死亡していたことが、厚生省の調べでわかり、恐ろしい副作用がある薬として２０００年1月に使用禁止になった事例があります。これは小柴胡湯の副作用ではなく、医師の不勉強による誤使用であったことが今ではわかっています。注目すべきはこの「間質性肺炎」というところです。つまりはそれほどに乾燥させる力をもっているという事です。

C後半「木」の「未木」はエゴのインフレーション（エゴイズム）による恐怖感でしたが、これは陽明病に相当します。主として胃腸が弱ってきている状態です。恐れがあるとお腹が痛むことからもわかります。この段階では、大黒柱の脾胃に問題が生じてきているので、一刻も早く毒を取ることが大切になります。体での解毒の役割を担うのは肝臓で「木」です。ここに「木」の象徴が一致してきます。ちなみに、毒がたまってくると血液が汚れます。汚れた血を瘀血《おけつ》という概念で呼びますが、次章で述べる「おろち」にも関わってくるのが興味深いところです。

## 9　もののあはれ

最後に、心身共に健康であるための「人間的あり方」について述べましょう。

「もののあはれ」とは、江戸時代中期の国学者、本居宣長の有名な言葉です。しかしこれがどんな意味なのか、今では全く誤解されています。「あはれ」というのは古代の和歌にもよく出てくる言葉ですが「かわいそう」という意味ではなく、「しみじみと愛をもって感じいること」を指します。ここまで五行を学んできたみなさんにとっては、「木」から「土」に関わる「火」の心情…といったほうが意外とわかりやすいかもしれません。

私はこの言葉が人間の成長にとって一番大切な部分を言い当てているように思えます。

人間の成長（肉体と魂の両方）にとってまず入り口にあったのは「木」でした。そしてここからすべてが始まるに際して、まず触媒として関わるのが「火」です。したがって、この「火」のあり方が今後のすべてを左右します。ここでのしくじりが「未木」の始まりとなるのです。

「もののあはれ」とは無視したり熱中したり嫌悪したりすることなく、静かに受け入れて見つめ続ける態度です。言い換えれば理想的な親の態度と言えましょう。

「火」の象徴として他には太陽や神がありますが（便宜的に神と一括して呼びます）、ともに同じことをしていることに気づきます。一見、この世は全くの不条理です。愚かでずるい悪人が天下をとってのうのうと暮らしている中で真面目な正直者が苦しい日々を強いられる…、こんな事はざらです。しかし神はすすんで悪人を裁き、善人を救うわけでもありません(そのように見えるときもまれにありますが)。しかし、もし、神が進んでそのような事をしたらば、人間はいつまでも神の庇護のもとから抜けることができません。決して独り立ちができない存在となってしまうでしょう。悪魔ルシファーはあえて、人間を神の庇護のもとから独立した存在になれるように人を誘惑した…という説もあるほどです。

「木」から始まって、初めての触媒となる「火」がそのような「あはれ」の姿勢で居ることができたとき、人は「土」というこの現実から多くを学ぶことができるのです。したがって、この世は楽ばかりではありません。苦しいこともあります。ですが同じだけ、いや、ほんのちょっとだけ苦しいことより多めに楽しいこともあります。これは黄金比率なのです。もし苦しいことのほうが多いと思っている人は苦しいことのほうに感受性が向いているだけです。


したがって、人間として成長するためのまず簡単な第一条が見えてきます。それは、

「あはれを感じることのできる人間になること」

なのです。こう言うと、全く文学的に聞こえますが、肉体的疾病に関しても同じ事なのです。

普通我々は肉体が悲鳴をあげたとき（痛みが出たとき）にはじめてなんらかの故障を感じるのですが、それ以前から肉体の動きに意識的に向き合うことがこの場合の「あはれ」にあたります。「しみじみと感じる」のです。今、さっき食べたものを消化しているのだなぁ…とか、今、自分は深くゆっくりと呼吸しているなぁ…とか、こうしていると消化できにくい時とか、風邪を引きかかっているときとか…、微妙なニュアンスに敏感になってきます。そうすれば前もって対処することもできるのです。通常、肉体は、心臓を動かすとか消化するなどの動きは、我々の関知するところではない所でやってくれています。それはそれでとてもありがたい事なのです。ですが、あくまでも関知しすぎない程度で関知するというのが「火」の態度です。

病気になってしまったときでも、苦しさゆえにただ症状を取る事だけに夢中になりがちですが、あくまでもそれが自分の何によってもたらされたかを知るように努力することです。堂々巡りを抜けるにはこれしか方法はありません。

精神的、社会的には、「人を無視しないこと」です。決してすべての人と深くつきあう必要はないのですが、無視することは「未木」の始まりです。時には人と争わねばならないこともあるかもしれませんが、「しみじみと感じ」、その人の立場を理解した上でのことならば、問題はありません。我々は今という人生を演じている役者のような気持ちになってきます。相手は時には友人役であり、時には敵役なのです。

視点を変えて日本の歴史に照らしてみると、ふたつの地理的ポイントから同じことに気づきます。それは「東北」と「出雲」です。ともに無視されて来た人々（天皇家にまつろわぬもの、えびす）と、「火」の「未木」への対処を示しています。順番に述べましょう。

### ⑴東北

ホツマによるともとは常世の国、ヒタカミ（日高見）と言われていたそうです。中心は現在の宮城県の多賀城市あたりとも言います。東日本の古代日本神道（アメナルミチ）の中心地であり、君（キミ…神とつながる人間の代表者、王）の拠点でありました。天皇の前身とはそういうものだったのです。それは日本だけに限りません。ジェームズ・フレイザー著『金枝篇』によると、海外でもほとんどの古代国家は神につながる者を王としていました。おどろくべきことには、天変地異が続くなどの神と繋がりが失せた証が続くと、人民によって王位剥奪、時には殺されもしたそうです。そして次の王がたてられるのです。

後に天皇家としての拠点が西に移動していった後も、ヒタカミにはキミの拠点としての遺産が温存されていたようです。やがて時がたって、昔のことが忘れ去られてしまうと、西の天皇は、東のキミの遺族を自分の王権にまつろわぬものと認識するようになっていきました。それが度重なる討伐となって現れます。

途中、西の天皇家の皇位継承からあぶれたもの（ニギハヤヒ王権）、追われた人々（物部氏）などが東北へと合流することで、本当に「まつろわぬ人々（夷《えびす》）」というらく印が押されていくのです。

ヤマトタケルによる東征、神武東征などは古代での代表的な「夷打ち《えびす》」です。

8世紀から9世紀のころになると同じ多賀城市あたりで蝦夷《えびす》の反乱（アテルイの乱など）が起き、西の天皇（朝廷）は征夷大将軍として坂上田村麻呂をおくり、討伐したとあります。

しかし本当のところは反乱というよりも、自分たちの居場所を犯され続けた夷たちが怒って武力蜂起したにすぎないようです。とくに陸奥の国での金の産出があった事も朝廷がこだわった理由のひとつとされています。

11世紀になると、朝廷に帰順した蝦夷は俘囚《ふしゅう》と呼ばれ（これも激しい差別用語です）、源頼義が朝廷から派遣されて俘囚を威嚇しました。この挑発にのってしまった時の俘囚長の阿部頼時（頼良）は頼義に鎮圧されてしまいます。これを前九年の役と言います。このときの鎮圧のやり方たるや、俘囚どうしの仲間割れをさせるという方法だったのです。裏切った側の俘囚である清原氏がこのあと、陸奥の俘囚長となるのですが、この内乱に応じて頼義の息子の義家が介入、後三年の役として藤原清衡《ふじわらのきよひら》が勝利します。この清衡というのは、前九年の役の時、夷の人々の素朴さに心を打たれて自ら夷の仲間入りをしてしまった藤原経清《ふじわらのつねきよ》の子で、後の奥州藤原三代の初代となりました。また、介入した源義家も、朝廷から疎んじられるとともにだんだんと夷の仲間入りをしていきます。こうして東国と源氏の深いつながりが出来てきたところに、源頼朝が登場するのです（図72）。

図72 「火」の章 第124話より

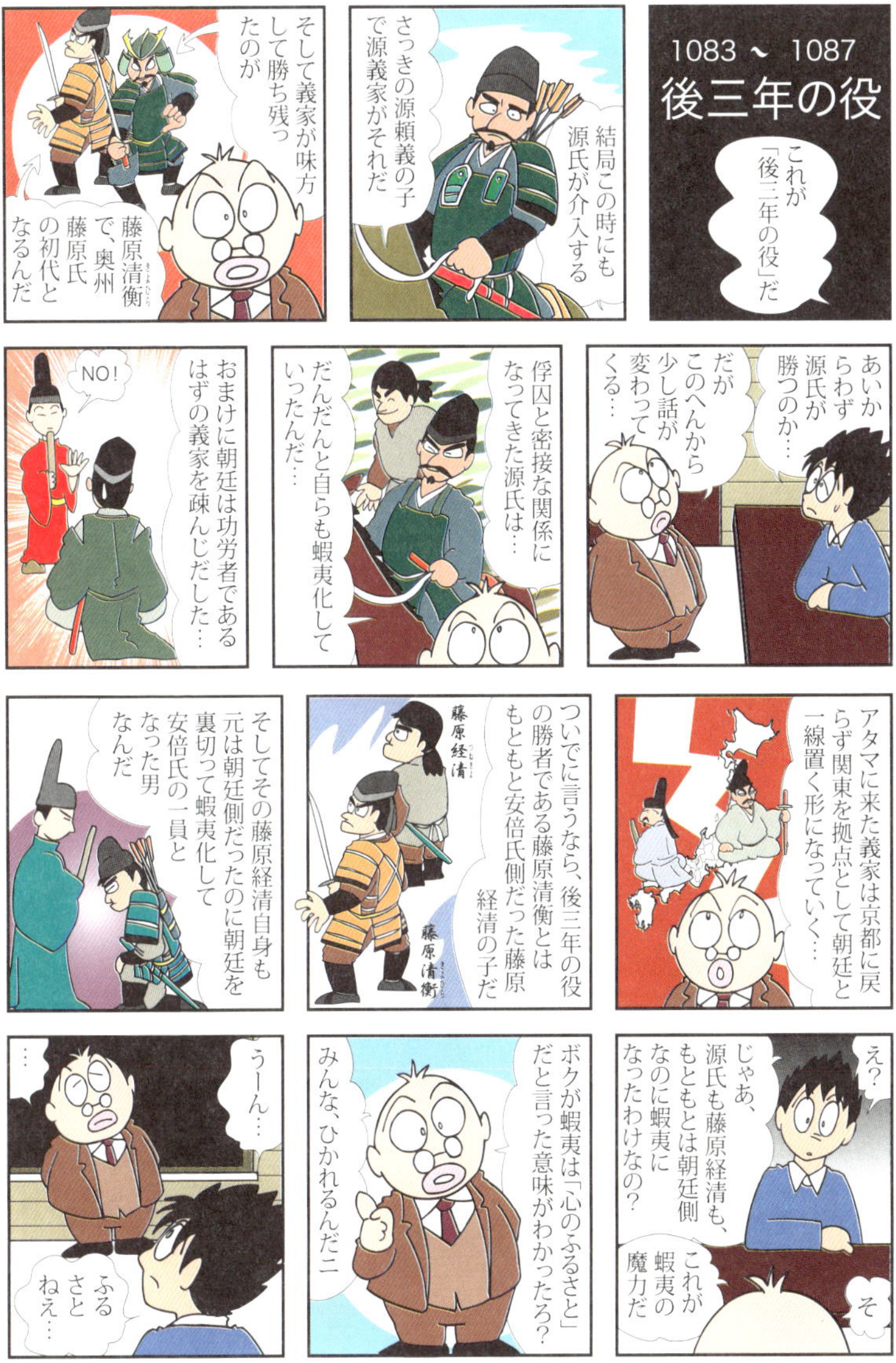


図72　「火」の章　第124話より

こうして東北の人々がひとつの国を築いていたということ、西からの人々に犯されて土地も取られ、差別されていった事がわかります。しかし、もうひとつおもしろいことがわかります。西の朝廷から派遣された一部の人は、東北の人々と暮らすうちに同化してしまっているのです。物部氏も、藤原経清も、源氏もです。自ら差別される側に回ったということは、確かに朝廷への恨みもあったでしょうが、何か人をひきつけるものが東北のヒタカミにはあったということではないのでしょうか？

私はこの「ひきつけるもの」こそが「あはれ」であった気がします。勝ち誇っている者の内には「あはれ」はありません。なぜなら「あはれ」とは五行的には「あえて勝てる相手に対して勝ち誇るのではなく理解していくこと」（「相生ルート、相剋ルートの意味」を参照）だからです。だからといって弱者がすばらしいとは言いません。日本人には源義経をひいきするような「判官びいき」という性質がありますが、負けたから美しいのではなく、弱者には「あはれ」を見出しやすいという事であるのでしょう。

逆に「負け犬根性」というのもあります。負けを任じてしまってひらきなおる根性です。強者はここにつけいるのです。前述の「前九年の役」や「後三年の役」での俘囚どうしの仲間割れがこれにあたります。負け犬根性は永遠の奴隷になってしまいます。これもいけません。

要は、勝ち負けではないのです。勝った時は負けた者をよく理解することで自らを律し、負けた時には負け犬根性に陥るのでなく遠い目で未来の目標を見据えることです。勝ち負けにこだわっているとマイナスゴールドに陥り、「金」で金神の裁きにあいます。２００５年以降、よく言われた「勝ち組」「負け組」という言葉は自ら金神の指導対象になることを希望しているようなムーブメントですね。

以上が、東北に関する私の考察です。

## ⑵出雲

出雲と言えば有名な出雲大社ですが、ここは出雲を中心として治めていた大国主命が天照大神に国譲《くにゆず》りをした神話で有名な所（稲佐の浜）です（図73）。古事記によると、いつのまにか地を制した偽の国主が大国主で、それを天皇家の先祖である天照大神が武力でおどして返却してもらう…というストーリーになっていますが、ホツマによると、出雲地方とい

図73　「にゃんころ先生のおクチとカラダの診察室」　第82話より

う一地方の勢力が増し過ぎて増上慢になった大国主に「身の程を知って」もらおうとする…という展開になっています。

たしかに大国主は出雲地方を豊かにした名政治家であったのでしょうが、「勝ち組」意識が「あはれ」を感じる心を失わせていたのは事実だったのでしょう。このときにその事をズバリ進言したのが大国主命の息子である事代主でした。そして結局、大国主はこの地を去ることになります。なにか不思議な感慨を残す話です。そしてこの後、出雲にはなんらかのイメージがついてくることになるのですが、それについて語る前にもうひとつの事例を見てみましょう。

今現在でも神社などの神事で使われている「のりと」に『中臣祓詞《なかとみのはらひことば》』があります。その中に次のような一節があります。

国津罪《くにつつみ》とは

生膚断《いきはだだち》　死膚断《しにはだだち》

白人《しらひと》　胡久美《こくみ》

己《おの》が母《はは》　犯罪《をかせるつみ》　己《おの》が子《こ》　犯罪《をかせるつみ》

母《はは》と子《こ》と　犯罪《をかせるつみ》　子《こ》と母《はは》と　犯罪《をかせるつみ》

この中の『白人《しらひと》　胡久美《こくみ》』というのが、なんのことやら、今でもわかっていないそうです。古事記や日本書紀にも出てこない言葉です。これがホツマによると簡単にわかってしまいます。

簡単に言うならば、天照大神の時代、須佐之男命が大暴れして追放になるちょっと前の頃、戦乱のきっかけをつくった二人の男の名前なのです。ここに須佐之男命が運命的にからんできて、大騒ぎとなってしまうのです。このとき、モチコとハヤコという姉妹も話にからんでくるのですが、これが邪霊のかたまりとなり、後に大蛇になってしまうのです。後で須佐之男命が退治する「やまたのおろち」とは自分がかつて愛したハヤコの変わり果てた姿だったのです。

まあ、ここまでは物語として読んでもらっても結構なのですが、大切なのは、逃げた大罪人のシラヒトとコクミも、蟄居の場を逃げ出したモチコとハヤコも、高天ケ原を追われた須佐之男命も、やってくるのが同じ場所なのです。それは「斐伊川《ひいがわ》」と言って、出雲地方を流れる河です。

そして大蛇になったハヤコを退治するのも斐伊川のほとりになります。

斐伊川は現在でも存在しています。私も出雲大社に参拝するときに

図(写真)74　斐伊川

いつも通るのですが、初めて見た時は小雨降る斐伊川の姿でした。それを見てびっくりしました。流れは弱い大河なのですが、雨に煙るその姿はまさに「やまたのおろち」に見えたのです。事実、神話では死んだ大蛇が河に変わったのが斐伊川である…というオチがあるのですが、確かにそう思えるほどの雄姿です（図（写真）74）。

須佐之男命は後に改心するのですが、かつての自分をふりかえって「ひかわ神」であった…と述べる場面がホツマには出てきます。ひかわ＝斐伊川《ひいがわ》とは「穢れたものが集う場」という意味になっていることがわかります。

さて、以上のことから出雲とか斐伊川を通じてどんなシンボルが見えてくるでしょうか？

まず「罪深いものが集う場」というイメージが出ます。同時に、「罪に気づく場」であることもわかります。この罪とは、例の「未木」です。「火」での「未木」、つまり「くもり」です。「くもっている」事と、出雲という地名の一致に驚きます。出雲とは「雲が出ること」ですから、まさに「くもり」なのです。罪に気づくということは「未木」の解消という事なの

図75　氷川丸

で、前に述べた『「木」から「土」に関わる「火」の心情』である「あはれを感じることのできる人間になること」です。これが出雲のシンボルになっていることがおわかりだと思います。言い換えれば「罪を見つめる場」のシンボルになっているということです。

ちなみに、大蛇は「おろち」とも読みますが、オロチは汚血《おろち》でもあります。東洋医学では汚血から瘀血《おけつ》という概念を持っていますが、「くもり」が高じて汚血をもって大蛇となる…という点と、体力的に鼻水、くしゃみなどの軽度な状態が、内蔵に熱がこもって内熱から瘀血にいたる…という点が似ているのが興味深い点です。

斐伊川をヨミでつづると「ひいがわ」となり、「ひかわ」となります。この「ひかわ」が出雲系の神社の別宮としてよく用いられます。たとえば大宮の氷川神社ですが、これはまさに出雲神社の別宮といってもよい神社です。大宮の「宮」は氷川神社の事を指しますから、それだけ大きな宮であるわけです。また、横浜港に横たわる「氷川丸」(図75)ですが、これも同じく出雲系の意志をもって名付けられた名称でしょう。どの時点からこの名がついたのかは知りませんが、戦時中は病院船であったそうです。

古くから出雲地方に伝わる話として妖怪の話もあります。前につくも神という「くもり」に相当する妖怪の話をしましたが、こういった妖怪話がこの地に多いのも実に言い得て妙な事です。ちなみに、妖怪マンガの大御所の故水木しげる氏も出雲出身です。

## 10　おわりに

以上「だるまんの陰陽五行」に描かれたエピソードを交えつつ「五行の知恵」について述べてきました。陰陽五行は象徴を扱う学問なので物質的な考え方に慣れている私たちにはなかなかとっつきにくいのも事実です。ですが、それゆえに無限の宝がつまっているともいえるのです。

これからもぜひ五行を通じて世界を見て感じ、生きていただきたいと思います。

すばらしい人生のために。

〈参考文献〉


東洋医学講座　第一巻　第二巻　第三巻　小林三剛 著　緑書房 刊
漢方ＬＩＦＥ　デアゴスティーニ・ジャパン 刊
驚異の小宇宙 人体６「生命を守る〜ミクロの戦士たち〜」日本放送出版協会 刊
日本の中世（１）中世のかたち　石井進 著　中央公論新社 刊
聖杯の探求 キリストと神霊世界　ルドルフ・シュタイナー 著　西川隆範 訳　イザラ書房 刊
シュタイナーコレクション（２）内面への旅　ルドルフ・シュタイナー 著　高橋巖 訳　筑摩書房 刊
活性酸素の話　永田親義 著　講談社ブルーバックス 刊
古事記　岩波書店 刊
日本書紀　岩波書店 刊
言霊ホツマ　鳥居礼 著　たま出版 刊
日本の歴史をよみなおす（全）網野善彦 著　筑摩書房 刊
光の天使ルシファーの秘密　リン・ピクネット 著　関口篤 訳　青土社 刊
フラクタル科学入門　三井秀樹 著　日本実業出版社 刊
ケガレの民俗誌　宮田登 著　人文書院 刊

# 「だるまんのマンガで解るシリーズ」の 多彩なキャラクターたち

## だるまん（駄留満子《だるみつこ》）

次元を超えた所からやってきた謎の存在。「陰陽五行」を使って森羅万象の謎を解いていく。本当は名前も姿も持たない存在なので変幻自在。おねーさんの形をとる事が好きで、第6巻「東洋医学」の章では女性歯科医師 駄留満子の姿としても登場。

## 皆本《みなもと》真大《まさひろ》

だるまんの講義を受け続けることになった歯科医師。ひょんなことから毎晩の夢でだるまんに出会いはじめたのがそのきっかけである（第１巻「木《もく》」の章に詳しい）。歯科医院での日々を通じて、歯科臨床を主とした東洋医学の五行的意義を学ぶことになる。

## アキちゃん

皆本歯科医院の歯科衛生士。駄留満子《だるみつこ》の正体がだるまんであることは、むろん知らない。

## イナンナ

姿をもたない地母神のひとつの形態としての女神。シュメールやバビロニア神話で有名。

（第2巻「土」の章に登場）

## Dr. スズキ

皆本クンの親戚にあたり、やはり歯科医師。研修先の中国の奥地から手紙を送る。第3巻「水」の章に登場する皆本真子の元カレ。

## ジェニー

だるまんと同じく変幻自在の存在でオカマの鬼の姿をとる。人間の心の奥に巣くう保存欲を大好物とする。良い意味に働くと肉体の自然治癒力をカバーするが（「東洋医学」の章を参考）、悪い意味に働くと自己保全や権威を好む世界観に人間を閉じ込めることになる。

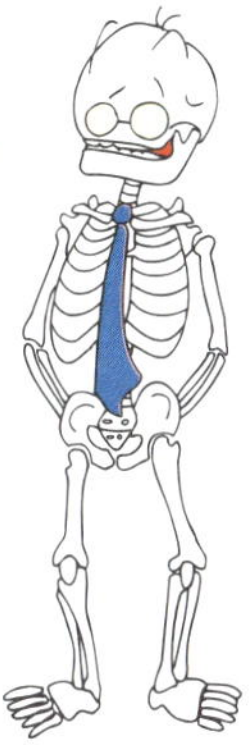

## ホネホネマン

だるまんの友人で骨だけの姿をとっている。どこのパーツの骨でも自由自在に取り外しができるので、骨格の学習にはもってこいの存在。

(第６巻「東洋医学」の章に登場)

## にゃんころ先生

ネコの国にある「にゃんころ歯科医院」の院長である歯科医師。

## おじさん

人と同じことをしていないと不安になるという「土《ど》」的な世界観に閉じ込められた存在。

(第２巻「土」の章に登場)

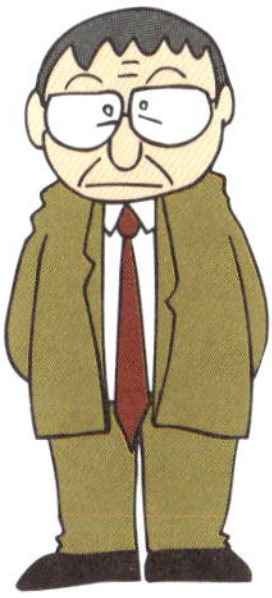

## 大土《おおつち》教授

だるまんの解説を非現実的であると攻撃する大学教授。権威や常識にこだわりすぎる存在。

## ガルラ

冥界の悪霊。もとはシュメール神話に登場する。

森羅万象が「木」「火」「土」「金」「水」にあてはまる

# だるまんのマンガで解る陰陽五行シリーズ

堀内 信隆著　●オールカラー

好評発売中

## No.1 哲学編 「木《もく》」の章「ココロの不思議を測るの巻」

陰陽五行の基礎である東洋の陰陽哲学、その延長にある易学に西洋神秘主義を交えて陰陽五行の意味をさぐります。特に、「木《もく》」とは「想念(思い)」の象徴であるという理解が重要です。

## No.2 社会編 「土《ど》」の章「社会の不思議を測るの巻」

現代は「土《ど》」的な世界で、まるで土のように私たちを養う一方で腐らせます。陰陽五行のテーマとして社会のあり方やお金の問題といった現実的な問題をとりあげました。

## No.3 生命編 「水《すい》」の章【前編】「命の不思議を測るの巻」

「水《すい》」とは「土《ど》」という偽の自我に囚われた状態から真の自我に目覚める第一歩を指します。「人間の根元と魂の進化」を基本に1、2巻と4、5巻を結び付けつつ、別の側面から解説します。

## No.4 神社編 「火《か》」の章「神サマの不思議を測るの巻」

日本各地の神社を旅しつつ、神社のあり方と神々との関連を陰陽五行のモノサシで読み解きます。日本各地の成り立ちや文化を理解するのに陰陽五行は役立ちます。

## No.5 神話編 「金《きん》」の章「天の不思議を測るの巻」

「火《か》」の章での神業の旅の続編。日本の神社の成り立ちに加え、宇宙創世神話、神々の進化と人間の進化発展、神と人の関係性という壮大なテーマを陰陽五行で読み解きます。

## No.6 東洋医学編 「東洋医学」の章「カラダの不思議を測るの巻」

東洋医学の考え方、臨床での応用の仕方について、主として歯科医療を中心に陰陽五行から解説します。易学との関係、生理学的視点、自然との接点、性との類似性など盛りだくさんな応用編。

**No.7 超基礎編** にゃんころ先生の
## おクチとカラダの診察室

お口は体の入り口であり、東洋医学では臓器に当たります。

歯を哲学する／痛みと五行／神経ないのになぜ痛い!／にゃんころ医局の勉強会!／和食のススメ、出雲大社と顎関節症など、にゃんころ先生が主人公の楽しく役立つ健康マンガです。

**No.8 存在編**
## 「水《すい》」の章【後編】「宇宙の不思議を測るの巻」

「ヒトは何処から来て何処へ行くのか」。この人間の根源的な問いを、五行の宇宙に展開したときに何が見えてくるのか?地獄、天国と過去と未来を縦横無尽に動きつつ、今この場を生きる私たちの本当の姿を浮き彫りにします。五行を通じて人間存在の意味を問う衝撃の完結編。

**No.9 実践編**
## 愛の羅針盤

五行でいう愛とは何でしょうか?「火《か》」での熱と「金《きん》」での冷がそれにあたります。そこから「もらうことより放つこと」が愛の基本であると理解できます。私達にとって最も身近な「愛」の本質を五行で描く珠玉の書です。

**No.10**
## 伊勢神宮 — 影との和解

伊勢神宮を舞台に、ヒトとカミの進化の道筋を五行で説明すると「神社の本義は私達の成長と自立を促す場」ということになります。「天・人・地」や「霊・体・魂」、そして「三種の神器」である「鏡・剣・勾玉」の意味とは何か。

**No.11**
## 福《ふく》呼《よぶ》 こころとからだのクリニック

『だるまんドクターのお悩み相談室』……『心』には「こころ」と「しん」、2つの意味がある。心の上に、口(クチ)を+(閉じる)、『思い』という意味の「心(こころ)」と臓器を意味する『心臓』の「心(しん)」があります。五行では「火(か)」に当たります。……こころが楽になるとからだも楽になる!

漫画ではない
## だるまんの「学問」のすすめ

基本の「き」から始めて、陰陽五行の基本的な考え方、象徴的な捉え方、相生ルートと相剋ルートの意味、人体と地理、慣習における五行の理解と実例など、『だるまんの陰陽五行』シリーズの中では述べきれなかった世界観を詳しく文章で解説。「マンガで解るシリーズ」の副読本としてご利用ください。

カラダの中は小宇宙
## 五臓六腑

五行の五つの要素を理解するための入門書です。本書では「五臓六腑」にスポットライトを当て、人体を元に、五行の「モノサシ」としての意味と使い方を学びます。五行の「ご」の字から初めて学ぶ方向き。

だるまんの陰陽五行シリーズ
漫画ではない
だるまんの「学問」のすすめ

平成 28 年 4 月 20 日 初版印刷
平成 28 年 5 月 15 日 初版発行
令和 4 年 2 月 17 日 初版第 2 刷発行

著　　者：堀内信隆
発 行 者：佐藤公彦
発 行 所：株式会社 三冬社
〒 104-0028
東京都中央区八重洲 2-11-2 城辺橋ビル
TEL 03-3231-7739 FAX 03-3231-7735

印刷・製本／中央精版印刷株式会社

 ISBN978-4-86563-015-2